RENLEI ANQUAN

LILUN TANTAO YU JINGYAN YANJIU

人类安全

——理论探讨与经验研究

刘志军／著

知识产权出版社
全国百佳图书出版单位

图书在版编目（CIP）数据

人类安全：理论探讨与经验研究／刘志军著．—北京：知识产权出版社，2014.9

ISBN 978-7-5130-2906-3

Ⅰ．①人…　Ⅱ．①刘…　Ⅲ．①国际政治关系－理论研究　Ⅳ．①D81

中国版本图书馆 CIP 数据核字（2014）第 188811 号

责任编辑：李学军　　　　**责任出版**：刘译文
封面设计：张　冀

人类安全——理论探讨与经验研究

刘志军　著

出版发行：知识产权出版社有限责任公司	**网　　址**：http：//www. ipph. cn
社　　址：北京市海淀区马甸南村 1 号	**邮　　编**：100088
责编电话：15611868862	**责编邮箱**：752606025@ qq. com
发行电话：010－82000860 转 8101/8102	**发行传真**：010－82000893/82005070/82000270
印　　刷：北京科信印刷有限公司	**经　　销**：各大网上书店、新华书店及相关专业书店
开　　本：720mm×960mm　1/16	**印　　张**：13. 25
版　　次：2014 年 9 月第 1 版	**印　　次**：2014 年 9 月第 1 次印刷
字　　数：185 千字	**定　　价**：39. 00 元

ISBN 978-7-5130-2906-3

本书为北京大学刘民权教授主持的福特基金会项目（No. 1035 -0916 -1）的子课题“人类安全研究”的部分成果

目 录

第一章 绪 论

在阿马蒂亚·森等著名经济学家的理论框架之下，联合国开发计划署的《人类发展报告》将人类发展定义为拓展人们的选择和获得福祉的过程。而拓展这些选择的基础是增强人们的可行能力，包括长寿且健康的生活、拥有知识、体面的生活水平等。同时，人类发展还包括了社会归属，增权，享有尊严，更多的政治、经济和社会机会等更为广阔的内容。人类发展这一总体性的概念使得仅凭人均 GNP 是无法全面体现人类发展真实水平的观念被越来越多的人所接受。

依照人类发展理论，真正的发展动机应该集中在人们所过的生活——他们有何作为？他们是否有能力活得更久？他们能否避免夭折？他们是否能幸免于可以预防的疾病？他们能否避免成为文盲？他们能否免于饥饿和营养不良？他们能否获得解放和自由（Anand & Sen，1994）？而对上述目标构成威胁的就是疾病流行、粮食危机、教育缺乏、政治压制与人身侵犯、社会冲突等问题。在“冷战”终结以后的 20 世纪 90 年代，随着世界军事威胁的日益减弱，上述问题逐渐凸显，成为人类社会所面对的最主要挑战。这种挑战不同于传统的对于国家等抽象共同体的武力威胁，而是对于作为个体的“人”的日常生活的方方面面的一种挑战。

首先，全球化与“冷战”终结所导致的政治上与经济上的转变，虽使得世界大战以及跨国战争的威胁大大减少，但发生在一国之内的冲突却越来越多，使得一国之民在国家安全的情况下却并不能获得安全感。其次，日益蔓延的诸如贫穷、营养不良、贫富差距扩大、环境恶化、资源枯竭、国际难民、毒品走私、恐怖主义、传染病、自然灾害等问题已成为全人类在发展道路上不容回避的新威胁。这两种因素都使得“不安全”之所在从民族国家及其同盟转移到了个人与社群。

随着时间的推移，这些新威胁因着传统的军事威胁的降低，被国际社会加以“安全化”，衍生出与传统安全相对照的诸多概念，如“非传统安全”、“非军事安全”、“综合安全”、“合作安全”、“跨国安全”、“全球安全”、“新安全”、“可持续安全”等。

正是在这种背景之下，1994 年的《人类发展报告》以“人类安全的新维度”为题系统论述了以“人”为中心的新的安全观（UNDP，*HDR*，1994），即现今广受国际社会关注的“人类安全”观（Human Security）①。人类安全这一新理念的提出，使得发展领域与安全领域的互动更为明显，按照这一报告的说法，没有人类安全就没有人类发展，反之亦然。

自人类安全概念问世以来，接连发生的 1997 年前后的亚洲金融危机、2001 年的“9·11”恐怖袭击、2003 年的 SARS 传染疾病、2004 年末的印度洋海啸大灾难、2006 年的禽流感以及现在正在蔓延的甲型 H1N1 流感疫情，进一步证明了传统的安全观已不足以应对冷战结束之后世界各国所面临的来自国家内部、社群内部的“内部敌人”、大自然，以及因全球化所导致的诸多对人类的安全威胁，从而使得这一概念越来越受到全世界有识之士、各国政府及国际组织的广泛关注和重视，其影响也愈来愈深远。

不少学者将其视为“安全概念之探求上的一大飞跃”②。一些国家，例如加拿大、挪威、日本、爱尔兰、约旦、荷兰、奥地利、智利、泰国、斯洛文尼亚、瑞士等，也早已开始将人类安全概念纳入

---

① 亦有学者将 Human Security 翻译为“人的安全”或“‘人’的安全”，以突出这一概念对“人”而非“国家”的安全的关注。笔者在本书中将选用“人类安全”这一比较通行的称谓。

② Hans Van Ginkel，Edward Newman，“In Quest of ‘Human Security’”，Japan Review of *International Affairs*，Vol. 14，No. 1，2000.

其外交政策。G8 工业国高峰会、联合国秘书长，以及相关联合国机构也逐渐将“人类安全”的相关议题列为讨论焦点，各种以人类安全为主题的国际会议也如雨后春笋般在世界各大城市召开。一些重视推动实现人类安全的“志同道合国家”（like-minded states）在1999 年设立的“人类安全网络”（the Human Security Network）[①]至今已召开六次部长级会议[②]。2002 年的亚太经合组织（APEC）会议首次采用了“人类安全”这个词[③]，接下来的 2003 年和 2004 年连续两次的亚太经合组织领导人非正式会议都将“人类安全”作为主要议题进行了广泛探讨。在后一次会议上，中国国家主席胡锦涛还就人类安全问题做了专题发言，讲话涉及恐怖主义、传染病的蔓延等非传统的安全威胁，提出了加强人类安全的主张。而此前的中国虽然已将一些非传统安全的新理念付诸实践[④]，但在国际正式场合以“人类安全”为题发言尚很少见，可见中国也越来越认识到从注重“国家安全”转向综合性的“人类安全”的重要性。可以说，现实的发展正在逐步验证着“人类安全这一概念虽然简单，但却有可能掀起 21 世纪的一场社会革命”的预言[⑤]。

人类安全概念正式提出之后，加拿大接受了“人类安全”这一理念并将其阐释为外交政策的优先考虑事项。在加拿大等国家的倡导下，“人类安全网络组织”于 1999 年创立，以在全世界推进人类安全。由阿马蒂亚·森（Amartya Sen）和绪方贞子（Sadako Ogato）

---

① 详情可参见其网页：http：//www. humansecuritynetwork. org/ network-e. asp.

② Ministerial Meetings, Human Security Network, http: //www. humansecuritynetwork. org/meeting-e. php.

③ ［加拿大］保罗·埃文斯：“人的安全与东亚：回顾与展望”，汪亮译，载《世界经济与政治》2004 年第 6 期。

④ 如：促成了“上海合作组织”的成立；2002 年 5 月颁布了《关于加强非传统安全领域合作的中方立场文件》；2002 年 7 月，中国在东盟地区论坛外长会议上提交《中方关于新安全观的立场文件》；2002 年 11 月，发表《中国与东盟关于非传统安全领域合作联合宣言》；2003 年 4 月 29 日，中国与东盟为应对 SARS 举行了特别峰会，这是双方就非传统安全问题进行的最高级别的讨论与合作。

⑤ UNDP, *Human Development Report 1994*, New York: Oxford University Press, 1994. p. 22.

任共同主席的“人类安全委员会”则在更高的层次上接过了这一工作[①]。

这些首创工作已经吸引了学术界的广泛兴趣，“人类安全”概念自此在学术界获得了较为广泛的阐述与讨论。加拿大、日本、美国、泰国、挪威等国以及中国台湾等地区的学者都曾进行了诸多探讨，相关学术论著数目繁多。其中既有来自发展经济学、政治经济学、国际问题研究、医学、环境生态学、教育学等领域的学者，也有形形色色的国际组织和政府机构。以人类安全为研究主题的研究所、中心、课题小组及学位授予项目开始在世界各地设立，关于人类安全的出版物开始在各大图书馆陈列，专题业务通信开始出现，学术会议、研讨会及专题讨论会也在各地召开；加拿大英属哥伦比亚大学人类安全研究中心更是自 2003 年起就开始起草《人类安全报告》，并于 2005 年出版了完整的报告。

大陆学术界对于人类安全的相关研究，也同样跨越了不同的学科领域，这些研究或明确地以人类安全的视角进行探讨，或从各自的学科视角关注了人类安全的某一侧面，其中比较引人注意的是在“非传统安全”的框架之下对人类安全相关内容的讨论。但正如保罗·埃文斯所评论的那样，直到 20 世纪 90 年代后期，“人类安全”这个词还没有被中国的政府官员在正式会议或是媒体中使用，他们更偏向于使用的是“非传统安全”一词[②]。这也就影响到了学术界对“人类安全”这一词汇的使用，因而，以“人类安全”（或“人的安全”、“‘人’的安全”等译名）为题的专题论著至今仍比较少

① http：//www. humansecurity-chs. org.

② ［加拿大］保罗·埃文斯：“人的安全与东亚：回顾与展望”，汪亮译，载《世界经济与政治》2004 年第 6 期。

见[①]，且集中在国际政治、国际关系等领域。

鉴于上述现状，本书即旨在对上述国际社会的人类安全研究成果作一系统的梳理和概括。由于主题与篇幅的限制，本书将重点介绍与人类发展视角相关的一些成果，但为了反映各个学科领域对于人类安全的研究进展，本书也将对其作概要的介绍。

由于人类安全是一个新兴的概念，关于其确切内涵与价值的争论一直没有停息，因此，本书首先概要介绍国际社会对于人类安全的概念与价值的争鸣以及理念渊源。其次转入粮食安全、健康安全、环境安全等人类安全维度的探讨。此后，本书将对人们提出的人类安全的测量方法与实现途径作出概括与评述，然后是对一些人类安全经验研究的方法与结论的介绍，最后是简短的总结与讨论。

---

① 笔者所见的仅有为数不多的论文，主要有：[新加坡] 阿米塔夫·阿卡亚："人类安全——东方对西方"，李增田译，载《世界经济与政治》2002 年第 5 期；张春："人类安全观——内涵及国际政治意义"，载《现代国际关系》2004 年第 4 期；[加拿大] 保罗·埃文斯："人的安全与东亚：回顾与展望"，汪亮译，载《世界经济与政治》2004 年第 6 期；王昆义、蔡裕明："全球化、人类安全与后 SARS 时代——两岸非传统安全的新议题"，载《世界经济与政治》2004 年第 7 期；郑功成："人类安全与社会保障"，载《群言》2007 年第 2 期；李杰豪："'人类安全'析论"，载《湘潭大学学报（哲学社会科学版）》2008 年第 3 期；关信平、郭瑜："人类安全：分析框架及应对措施"，载《学海》2008 年第 1 期；白屯："自然资源与人类安全"，载《大连民族学院学报》2008 年第 2 期，等等。

第二章　人类安全的概念探讨

由于人类安全是一种针对传统安全观而提出的批判与反思性概念，且自 UNDP（联合国开发计划署）首倡以来，时间不长，因而现有的大量文献尚在集中探讨这一概念的定义与内涵。这种讨论与争鸣由于有着国际组织、区域组织、各国政府、非政府组织、政府官员以及全球学术界的广泛参与，故而十分热烈。总体来看，这些讨论主要围绕着“人类安全的界定”及“人类安全与其他相关概念的关联”展开。以下即从这两个方面进行介绍。

一、人类安全的界定

人们对于“人类安全”的具体内涵一直存有广泛的争论，各自依据其见解提出来的定义也林林总总、见仁见智。

概而言之，由于“人类安全”涵盖了包括经济、就业、健康、粮食、环境、人身、社群、政治、人权、教育等内容广泛的议题，人们对这一概念的界定也就依其主观价值、认识或关注的重点而众说纷纭、莫衷一是。但不管论者如何界定，这些定义都是以联合国开发计划署 1994 年《人类发展报告》所提出的“人类安全”概念为基础和参照系的，其主要的关切点都是人的安全，而不是以国家为主体的安全[①]。借用克劳斯和威廉姆斯（Krause & Williams）的说法，对于安全的这些新思考可以概括为分别围绕着“拓宽”与“加深”两条主线展开。拓宽包括衍生于经济、社会或环境等非军事领域的威胁，加深涵盖从个人到全球的不同分析层次的安全关涉对象（Krause & Williams，1996：230）。

（一）《人类发展报告》的阐述

虽然“人类安全”概念的系统提出是在1994年的《人类发展报告》之中，但此前的1993年《人类发展报告》就已经提及这一思想。该年的报告指出，以人为中心的世界秩序需要新的五大支柱，其中之一即“新的人类安全观”；这一新的人类安全观必须强调人的安全，而不仅仅是国家的安全[②]。概而言之，旧有的安全观必须发生以下三方面的转变：从完全强调国家安全到更多地重视人的安全；从经由武力实现安全到通过人类发展达致安全；从关注领

---

① 值得一提的是，也有人从比较宽泛的角度将人类安全概念划分为三种类型，认为它们贯穿着时下关于这一主题的讨论与思考。第一种可以界定为人类安全的“自然权利/法规”概念，它植根于“生存、自由与追求幸福”的基本个人权利的基本自由主义假设及国际社会保护和促进这些权利的责任（Morsink，1998；Lauren，1998；Alston，1992）。第二种人类安全观是人道主义的，它要求国际社会努力深化并加强国际法尤其是那些针对种族灭绝和屠杀及战争罪行的法规，销毁那些对于平民和非战斗人员特别有害的武器（Boutros-Ghali，1992；Moore，1996；UN 1995，1999；UNDP，1997）。这两种人类安全观聚焦于基本的人权及其剥夺，恰与第三种更宽泛的观点（即通常意义上所称的人类安全）形成鲜明的对比。这种观点认为人类安全应当被更为广泛地建构以包括对于“个人的全部生活及福祉”的经济、环境、社会及其他形式的危害（Hampson & Hay，2002：4－5）。

② 原文为：New concepts of human security must stress the security of people, not only of nations.

土安全到关切粮食、就业及环境的安全[1]。这些正是 1994 年报告所论述的人类安全理念的核心内容。

在此基础上，1994 年的《人类发展报告》以专章《人类安全的新维度》系统翔实地提出了“人类安全”的概念。根据该报告的论述，“人类安全”可以从两个方面来界定，它首先意味着免于经受长期的饥饿、疾病和压迫等的煎熬，其次意味着免于日常生活模式遭受突然和有害的破坏——无论是在家中、工作中还是在社群当中[2]。具体来说，“人类安全”就是小孩不会死亡、疾病不会传播、工作不会失去、族群紧张不会演变为暴力冲突、持异议者不会被迫沉默[3]。

该报告将人类安全大略地归为七类，分别是经济安全、粮食安全、健康安全、环境安全、人身安全、社群安全以及政治安全[4]，并归纳出“人类安全”的四大本质特征：（1）人类安全是普世性的。国家无论强弱，人类无论贫富，都受到人类安全的影响。（2）人类安全的组成部分是互相依存的。当世界某地的人们的安全受到威胁时，所有国家均有可能卷入其中。（3）早期预防强于事后干预。（4）人类安全以人为中心[5]。

---

① UNDP, *Human Development Report 1993*, New York: Oxford University Press, 1993, p. 2. 此后，世界银行在《世界发展报告 2000/2001》中界定了下列种类的风险：自然的、健康的、社会的、经济的、政治的、环境的（详细说明了风险是否关涉个人、家庭、社群、地区、国家等）（World Bank, *World Development Report 2000/2001*: *Attacking Poverty*, Table 8. 1）。国际劳工局（International Labour Office）也曾提出了几种形式的与工作有关的安全：雇佣安全、工作安全、劳动安全、技能再生安全、收入安全、代表性安全（Cf. ILO, *Infocus Programme on Socio-Economic Security*, 2000, mimeo）。国际红十字会与红新月会联合会在其 2000 年格鲁吉亚国家脆弱性评估报告中则列举了下列风险：社会衰败（包括经济与社会因素的冲击）、自然灾难、武装冲突及其他暴力威胁、个人风险（IFRC, *Georgia*, *Vulnerability and Capacity Assessment*, *2000*）。这些分类与 UNDP 的分类既有差别又有联系，在某种程度上应该受到了人类发展报告提出的人类安全概念的影响。

② UNDP, *Human Development Report 1994*, p. 23.

③ UNDP, *Human Development Report 1994*, p. 22.

④ UNDP, *Human Development Report 1994*, pp. 24 – 25.

⑤ UNDP, *Human Development Report 1994*, pp. 22 – 23.

（二）人类安全委员会的论述

2001年1月，在前联合国难民事务高级专员绪方贞子以及诺贝尔经济奖得主、现任剑桥大学三一学院院长阿马蒂亚·森的推动之下，独立于联合国系统之外的“人类安全委员会”在美国纽约成立。

该委员会曾使用由萨比拉·阿凯尔（Sabina Alkire）提出的“人类安全”的工作定义：“人类安全的目标是以与长期的人类富足相协调的方式，保障所有人的生活最核心免于严重的、普遍的威胁”①。这一定义关注了保护人们免于因特定情形而可能遭遇的生活水平下降的威胁。此外，为详细阐明人类安全，它努力聚焦于人类生活的“最核心”和“严重与普遍的威胁”，并在敦促即刻行动的同时，力求无损于“长期的繁荣富强”②。在人类安全委员会于2003年出版的名为“Human Security Now”的报告中，这一工作定义被进一步阐释为“以提升人的自由和人的实现的方式保护所有人类生活的最核心”。这一定义聚焦于“民众”（people），将其视为确保安全的主要对象。所谓“民众”，特别是指那些通过族群的、宗教的及社会的纽带和价值观将个体联结起来的社群③。

该委员会同时也认识到，由于“人类安全”概念本身可以给人以广阔的想象空间，难以给出一个精确的、能使各方都满意的定义，因而比较强调这一概念的工具性意义，亦即主要将其视为一种

① Sabina Alkire, “A Conceptual Framework for Human Security”, CRISE Working Paper # 2. 2002. http://www.fas.harvard.edu/~acgei/Publications/Akire/Alkire_Human_Security_Concept_CRISE_WP2.pdf. 原文为：The objective of human security is to safeguard the vital core of all human lives from critical pervasive threats, in a way that is consistent with long-term human fulfillment.

② Lincoln Chen, Vasant Narasimhan, “Human Security and Global Health”, *Journal of Human Development*, Vol. 4, No. 2, 2003.

③ Sadako Ogata, “The Human Security Commission's Strategy”, *Peace Review*, Vol. 16, No. 1, 2004.

“真实的需要”和“引导出实际行动的概念工具”①。

（三）各国政府与国际组织的见解

加拿大、日本、泰国、挪威等国政府也根据各自不同的理解，提出了相对狭窄的人类安全定义。

例如，加拿大政府将人类安全定义为：“人民免于暴力和非暴力威胁的安全”②。较为详细的论述则见诸该国政府于 1994 年 4 月所提出的有关“人类安全”的概念文件③。综合而言，其所关注的对象比 UNDP 所下定义的关注点更为保守和狭窄，根据其有限制的定义，人类安全就是指“免于恐惧之自由”④。

日本官方的人类安全定义比加拿大提出的定义包容更广，认为“人类安全综合性地涵盖了所有危及人类生存、日常生活及尊严的威胁——如环境退化、人权侵犯、跨国组织犯罪、违禁毒品、难民、贫困、杀伤性地雷、艾滋病等传染病——并强化对抗这些威胁的努力”⑤。比较而言，加拿大的人类安全观详细阐明了国际社会关于“战争及复杂危机中的人口保护议题的优先性”讨论中的一种观点，日本的观点则关注了严重的不安全危机，并强调一种意在经济发展与冲突预防的战略，最为强调的是通过以增进经济发展与个人自力更生为目标的开明的国家策略来建构人类安全（Leaning & Arie，2000a：10）。

泰国政府的观点认为，人类安全包括主体及客体因素。其客体

---

① Sadako Ogata，“Enabling People to Live in Security”，Keynote Speech at the International Symposium on Human Security (Tokyo)，28 July 2000.

② Lloyd Axworthy，“An Address on Human Security”，Minister of Foreign Affairs，To the G-8 Foreign Ministers' Meeting，9 June 1999.

③ Lloyd Axworthy，“Human Security：Safety for People in Changing World”，Minister of Foreign Affairs，Department of Foreign Affairs and International Trade，April 1999，available at：http：//www. summit-americas. org/Canada/HumanSecurity-english. htm.

④ Gary King，Christopher Murray，“Rethinking Human Security”，*Political Science Quarterly*，Vol. 116，No. 4，2002.

⑤ Ministry of Foreign Affairs of Japan，“Diplomatic Bluebook 1999：Japan's Diplomacy with Leadership Toward a New Century”，Tokyo：Urban Connections Inc.，1999.

乃是“免于恐惧匮乏之自由及经由安全福祉及尊严达到人性之境界”，而主观因素则包括“人的希望、恐惧及消除威胁”[①]。另外，奥地利、加拿大、智利、爱尔兰、约旦、荷兰、斯洛文尼亚、瑞士及挪威都提出了更有限制的人类安全日程，主要关注的是杀伤性地雷、轻型武器、武装冲突中的儿童、国际人道与人权法，等等[②]。而直到2000年6月，美国对于人类安全概念的态度仍难以知晓，或被描述为“极端保守”[③]（Derghoukassian，2001：7）。而77国集团也对人类安全观持保留态度，并曾在1995年的哥本哈根社会发展峰会上坚决强调似乎被人类安全的普世的无所不包的成分所侵蚀的“领土完整与不干涉”的重要性（ISSD，1995）[④]。

此外，1999年所设立的“人类安全网络组织”（the Human Security Network）所持的观点比较包容，除强调“免于恐惧之自由”外，也将“免于匮乏之自由”包纳在内[⑤]。

（四）学术界的不同定义

在1994年《人类发展报告》首度详细阐明了人类安全的定义以后，众多学者以其为基础，提出了各有侧重的定义。大致而言，这些定义可以归纳为三种类型。第一类主要表现为对UNDP定义的某些方面内容的强调，如托马斯（Thomas，1999b）、托马斯（Thomas，2000）、本德斯基（Bedeski，2000）、利宁和安芮（Leaning & Arie，2000）等。第二类致力于提出某种能避免UNDP定义的

---

① Paul Oquist，Ministry of Social Development and Human Security，PARAGON Regional Governance Programme for Asia，p. 1.

② Gary King，Christopher Murray，“Rethinking Human Security”，*Political Scironce Quarterly*，Vol. 116，No. 4，2002.

③ Miriam Villanueva Ayón，“La seguridad humana：algunas repercusiones recientes en la agenda internacional，” Argentina Global no. 5（April-June 2001）. Online edition at：http：//www. geocities. com/globalargentina/Vill02. html（original in Spanish，unofficial translation）.

④ *Earth Negotiations Bulletin 1995*，10：44，published by The International Institute for Sustainable Development and cited references available at：http：//www. iisd. ca/linkages/vol10/1044015e. html and http：//www. iisd. ca/linkages/vol10/1044009e. html.

⑤ Human Security Network，1st Ministerial Meeting，Norway，20 May 1999.

宽泛性和含糊性的人类安全定义，可以归入这一类型的有金和穆雷（King & Murray，2002）、巴基派（Bajpai，2000）、麦丁斯（Meddings，2001）、萨克尔（Thakur，1997）、麦克雷恩（MacLean，1999）、波特（Porter，1995）、加拿大外交事务和国际贸易部（Canada DFAIT，1999）、费罗尼和莫迪（Ferroni & Mody，2002）等。第三类则从人类安全的目标意义的角度入手对其加以界定和阐释，如陈（Chen，1995）、金柯尔和纽曼（Ginkel & Newman，2000）、讷福（Nef，1999）、麦克雷恩（MacLean，1998）、利宁和安芮（Leaning & Arie，2000）等。以下即分别加以介绍。

首先，一些学者对 UNDP 的观点进行了承继和修正。例如，卡罗琳·托马斯（Caroline Thomas）将人类安全定义为“一种基本物质需求获得满足，人类尊严包括对于社群生活的富有意义的参与等能被实现的生存条件”（Thomas，1999b）①。她同时对这一概念的物质与非物质方面做了格外的强调，认为虽然物质满足处于人类安全的核心，但此外这一概念也包含非物质维度以使之成为一个性质上的整体。我们可以将人类安全的不同层面加以“数量/质量”（quantitative/qualitative）的区分，宽泛而言，就是“收入贫困”（income poverty）与“人文贫困”（human poverty）。数量方面是指物质满足，质量方面则与人类尊严的实现有关，它包含了“个人自主、掌控其生活、不受障碍地参与社群生活”②。收入贫困与人文贫困常常但不一定相互关联，例如，在海湾国家，人们可能会收入不菲但却遭受着人文贫困（Thomas，Caroline，2000）。持相似观点的还有罗伯特·本德斯基（Robert Bedeski）③、利宁和安芮（Leaning

---

① Caroline Thomas, "Introduction", in C. Thomas and P. Wilkin (Eds) *Globalization, Human Security and the African Experience*, London: Lynne Rienner, Boulder, CO., 1999, p. 3.

② 原文为：Personal autonomy, control over one's life and unhindered participation in the life of the community。

③ Robert Bedeski, "Human Security, Knowledge, and the Evolution of the Northeast Asian State", Centre for Global Studies, University of Victoria, February 8, 2000, http://www.globalcentres.org/docs/bedeski.html.

& Arie，2000b：38）等。

其次，不少学者不满于UNDP等提出的定义的宽泛性和含糊性，因而提出了相对严格而精细的人类安全定义。如金和穆雷（King & Murray）提出的定义为：将来生活于一种“广义贫困”（generalized poverty）状态之外的年数①。这一定义试图只包含“必不可少”的要素，即那些“足够重要值得为之奋斗或值得将其生命或财产置于重大威胁而不顾”②的要素。应用这一标准，他们提出了五大关键福祉指标——贫困、健康、教育、政治自由及民主③。与此类似，康迪·巴基派（Kanti Bajpai）提出了建构“人类安全审计”（human security audit）的主张。人类安全审计包括“对于个人身体安全与自由的直接和间接威胁”的衡量及对于不同社会的“应对这些威胁的能力”的测定④。对于大卫·默丁思而言，人类安全的主要关注点则是“可持续地获得特定的需要及确保特定的权力”⑤。其他的人类安全提倡者大多聚焦于生活质量议题⑥，或以原有的安全理解为基础，将其参数加以拓展以同时涵盖个人福祉议题和国家层次的安全议题⑦；还有人将“人类安全”定义为保护那些弱势人群免于生活质量的急速下降⑧，另有一些倡导者将“人类安全”描述为价

---

① 原文为：the number of years of future life spent outside a state of "generalized poverty".

② 原文为：important enough for human beings to fight over or to put their lives or property at great risk.

③ Gary King，Christopher Murray，"Rethinking Human Security"，*Political Sicence Quartevly*，Vol. 116，No. 4，2002.

④ Kanti Bajpai，"The Idea of a Human Security Audit"，Joan B. Kroc Institute Report No. 19，2000，p. 2.

⑤ David R. Meddings，"Human Security：A Prerequisite for Health"，*British Medical Journal*，Vol. 322 Issue 7301，23 June 2001，p. 1553.

⑥ Ramesh Thakur，"From National to Human Security"，in S. Harris and A. Mack (eds.)，*Asia-Pacific Security*：*The Economics-Political Nexus*，St Leonards：Allen & Unwin，1997，p. 53.

⑦ George MacLean，"The United Nations and the New Security Agenda，1999"，http：//www. unac. org/canada/security/maclean. html.

⑧ Astri Suhrke，"Human Security and the Interests of States"，*Security Dialogue*，Vol. 30，No. 3，1999，pp. 265－276.

值观转变的一种表征或必然结果[①]，或是视角或定位转变的一种表征或必然结果[②]。还有一种比较独特的理解人类安全的方法，是将其视为一种“国际公共物品”（international public good，IPG）[③]。

最后，一些学者在其定义中重在阐明人类安全的目标意义。林肯·陈（Lincoln C. Chen）提出，人类安全主要指的是人类有关生存、福祉与自由方面的安全，是所有安全考虑（如：军事安全、经济安全、政治安全与环境安全）的最终目标[④]。汉斯·范金柯尔（Hans van Ginkel）与爱德华·纽曼（Edward Newman）与其有类似的观点，也认为“人类安全”系其他各种安全（如经济安全、粮食安全、健康安全、人身安全、环境安全、社区与文化安全）定义的目标或焦点[⑤]。此外，加拿大学者约治·讷福（Jorge Nef）认为“人类安全”的概念至少意味着一些相互交织混杂在一起的维度，而这些维度主要是以人类尊严为中心，广义来说，就是人权[⑥]。另一位加拿大学者乔治·麦克雷恩（George MacLean）提出，“人类安全”包括个体在个人环境（personal surroundings）、社群及环境当中的安全[⑦]。珍妮弗·利宁（Jennifer Leaning）与萨姆·安芮（Sam

---

① George Porter，“An Ethical Basis for Achieving Global Human Security”，*Development*，Vol. 3，1995.

② Department of Foreign Affairs and International Trade of Canada，*Human Security：Safety for People in a Changing World*，Ottawa：DFAIT，April 1999，p. 5.

③ Marco Ferroni，Ashoka Mody，“Introduction and Overview”，in Marco Ferroni and Ashoka Mody (eds.)，*Global Incentives for International Public Goods*，Boston：Kluwer Academic Publishers，and World Bank，Washington，D. C.，2002.

④ Lincoln Chen，“Human Security：Concepts and Approaches”，in T. Matsumae and L. C. Chen (eds.)，*Common Security in Asia：New Concepts of Human Security*，Tokyo：Tokai University Press，1995，p. 139.

⑤ Hans Van Ginkel，Edward Newman，“In Quest of ‘Human Security’”，Japan Pieview of International Affairs，Vol. 14，No. 1，2000，p. 60.

⑥ Jorge Nef，*Human Security and Mutual Vulnerability：The Global Political Economy of Development and Underdevelopment* (2nd ed.)，Ottawa：International Development Center，1999，chapter 1.

⑦ George MacLean，“The Changing Perception of Human Security：Coordinating National and Multilateral Responses”，“The United Nations and the New Security Agenda”，“United Nations Association in Canada，1998，” http：//www. unac. org/canada/security/maclean. html.

Arie）则将“人类安全”界定为“可持续人类发展的基础条件”①，等等。

如果从上述定义关涉的领域来分析，比较狭义的“人类安全”往往只着眼于身体完整，或只限于少数种类的威胁，而较为广义的定义则还包括了心理与情感层面的安全。我们从中可以看到仍有十分显著的分歧存在。

二、人类安全与其他相关概念的关联

人类安全作为一种相对较新的概念，它与人类发展、国家安全究竟有何区别与联系？人类安全的理念究竟能在这些已有的、为人所熟知的概念基础上增添些什么？这些问题与此前讨论过的人类安全的定义、内涵及其本身的存在价值等都有着密切的联系，因而也是很多人关心的问题，并已有不少学者作过或详或略的论述。

概括多数论者的意见，它们之间是一种互为补充和促进的关系，“人类安全”通过综合人类发展、国家安全的视角以获得洞察力。限于篇幅，这里仅对人类安全与人类发展、国家安全、人权的关联进行简要概括。

（一）人类安全与人类发展

虽然人类安全与人类发展是两个不同的概念，但在人类安全概念诞生之初，就与人类发展有着天然的关联性。此外，人类安全虽然衍生于人类发展的理论框架之内，深受发展观嬗变的影响，但同时也是安全观的更迭、政治观的演进等因素共同促成的结果，因

① Jennifer Leaning，Sam Arie，“Human Security in Crisis and Transition：A Background Document of Definition and Application”，Working Draft September 2000，Paper for USAID/Tulane CERTI，http：//www. certi. org/news _ events/yearl _ workshop/draft% 20paperjl. htm，p. 2.

而，两者并非简单的包含关系。这种共识构成了国际社会讨论两者之关联的观念基础。归结起来，多数论者认为：a. 两者具有一些相同的基本视角，但也在关涉范围、强调侧面及时间视野方面有所差异；b. 人类发展是人类安全的基础和实现手段，而人类安全则能保障和促进人类发展；c. 一般而言，人类安全对于人类发展具有优先权。

1. 人类安全与人类发展的异同

对于人类安全与人类发展这两个概念的共同点与区别，相当多的人类安全文献都有所涉及（UNDP，HDR1994；Kaul，1995；King & Murray，2002；Alkire，2002；Gold，2004 等），其中以萨比拉·阿凯尔（Sabina Alkire）的观点最具代表性。

根据阿凯尔的归纳，人类发展与人类安全具有四个共同的基本视角：都以人为本；都是多维度的；都持人类长远满足的宽泛观点；都关注长期的贫困。此外，人类发展是一个与富裕和贫穷的人或社群都相关的宽广视角，当其应用于那些业已处于长期的粮食不安全、健康不安全或生活不安全状态之下的贫困人群时，它就与人类安全发生了重叠并难分难解。

人类安全与人类发展之间也存在三个方面的区别。首先，人类安全的“关键核心”是基本可行性能力的子集，而人类发展包容更广，涵盖了那些明显不是基本性的关注事项。其次，人类安全范式直接关注暴力或经济衰退等威胁，认为对于冲突预防的深思熟虑的投入是至关重要的，人类发展则主要聚焦于增长过程。最后，两者的时间视野有别。就人类发展而言，相当多的努力用于制度建设、能力建设或可持续建设。但一些人类安全工作发生的时间很短，并缺乏参与性（如紧急救济、难民营、劳动换食品项目、维和等）。概而言之，人类安全与人类发展在范围（人类安全更窄）、预防性的强调（人类安全相对更多）、时间视野（人类安全可能相对更短）等方面有所差别。

2. 人类安全与人类发展互为保障

1994 年《人类发展报告》对于两者关联的评论是“此荣彼荣、

一损俱损”：一个领域的进步会使得另一领域取得进展的机会增加，而一个领域的失败也会使得另一领域失败的风险提高（UNDP, *HDR* 1994：23）。概括起来，两者是互为保障的。

首先，“人类安全”可以使得“人类发展”有一个良好的环境。如果从定义来看，人类发展可以界定为“人类选择空间的拓展过程”。人类安全则意味着“人们可以安全和自由地行使这些选择——并且能够相对确信他们今天所拥有的机会不会在一夜之间化为乌有”（UNDP, *HDR* 1994：23）。后者正是前者的“空间选择”基础。人类安全扩展和加强了阿马蒂亚·森（Amartya Sen）所说的“人们享有的实质性自由”（Sen，2000），也就是促进了人类发展。这正如联合国秘书长安南所说的那样，由于人类安全涵盖了人权、善治、享受教育、获得保健以及确保每一个人有机会及选择权以充分发挥其潜能等方面的内容，朝着这一目标努力的每一步也就同时迈向削减贫困、实现经济增长、防止冲突的步骤（Annan，2000b）。从某种意义上来讲，人类安全为其他人类发展目标的实现创造了基本的社会、经济与政治条件（Gold，Lorna，2004）。另外，从人类安全着重于使人们免于沉沦的危险，同时提醒在紧急与危难时注意安全的角度来看，亦对人类发展概念有所助益（Ogata，2003：3－4）。利宁和安芮更是将人类安全归纳为可持续人类发展的一个基本的或工具性的条件（见图2－1），认为要保护与提升未来的人类发展，就必须首先致力于解决人类安全的议题——人们日常生活中的安全问题。因为当人类安全存在时，个人和社会就能利用“建设性的群体内部互动”的社会与经济利益；而当人类安全缺乏时，社会就易受各种威胁的影响，因“防范性（不信任）行为或破坏性的群体内部紧张”而招致社会扭曲，并最终实现不了和平或繁荣。此外，当处于严重危机或持续的剥夺时，它能保护个人的生存、维持个人或群体获得最低限度的、适当生活水平的能力，并促进“有助益的群体归属感”和“时间上的连续性”（Leaning & Arie，2000）。

其次，只有通过“人类发展”，才会达到真正的、长久的“人类安全”。1994年的《人类发展报告》在第一页的第一段就开门见

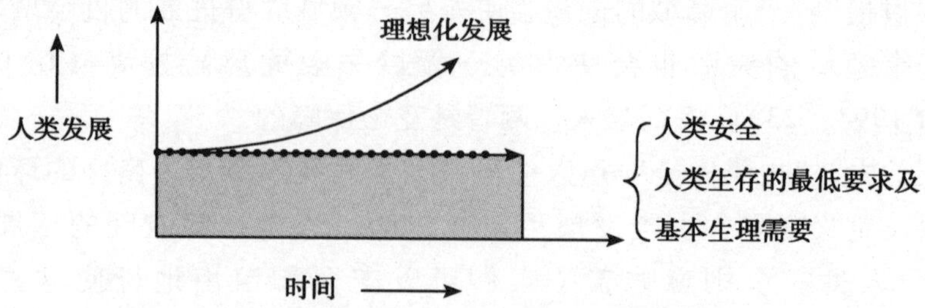

图 2-1　人类安全作为人类发展的最低平台

Leaning & Arie, 2000b: 13.

山地指出，“这个世界将永无宁日，除非人们能在其日常生活中享有安全。未来的冲突将经常在一国之内而非国家之间发生——其根源则深藏于日益突出的社会—经济剥夺和差距之中。在这种情形下，我们只能通过发展而非武力去追寻和平”（UNDP, *HDR* 1994: 1）。这一段话可以说十分精要地说明了人类发展对人类安全的促进作用。正是从这种意义上来说，考尔（Kaul）提出，发展正是实现安全的基础，因为“当今安全所需并非武器而是发展和社会同情”，“可持续人类发展的新模式正是人类安全的前提条件”（Kaul, 1995）。归纳起来，就是经济社会发展中存在的问题造成了人类社会的冲突，我们只有通过发展保障了人们日常生活的安全以消弭这些冲突，整个人类才有安全。

因此，正如上文所述，人类发展和人类安全形成了有益的互补。至于这种互补究竟具有什么样的内容，不同的论者也有着差异。

按照加拿大外交与国贸部的观点，人类安全是指“免于恐惧之自由”，人类发展则是“免于匮乏之自由”，两者是相互强化的概念（King & Murray, 2002）。因此，“人类安全”与“人类发展”乃一体之两面，彼此相互强化，并互为对方提供更好的实现环境①。人类安全委员会的见解则基于这样一种理念，即人类安全作为一个将安全与保护个人而非仅仅与保护国家的领土完整联系起来的全新的

---

① “The Vision of the Human Security Network”, available at: http://www.humansecuritynetwork.org/menu-e.asp.

安全范式，使人们认识到往往是国家造成了人民所面临的最大威胁，从而促使人们将眼光转向一国之内的社会经济发展，这样一来，从前被分隔开来的安全领域和发展领域就开始汇聚到了一起。绪方贞子曾评论说，人类发展理论将人们对发展的思考从单调的经济增长转移到人类生活及福祉的改善和提高上来，即阿马蒂亚·森所说的人类发展推动了迈向“无失公平的增长”的积极的进步，而人类安全也丰富了“发展”探寻中的人文内涵，它聚焦于保护民众免于生活下降的风险（Ogata，2004）。与人类安全相同，人类发展与“扩展人们的选择范围以营其珍视的生活”有关。但人类安全还关注了“不可预见的衰败”及“发展的反复”（Ogata & Cels，2003）。简而言之，人类发展关注的是进步与增长，旨在排除各种各样的“约束和限制人类生活及其繁荣兴旺”的障碍，从而实现提升人类生活的目标。它是如此乐观向上，以至于无暇顾及那些必要的“保护那些应被保护的东西”的行为。正是从这个角度来看，人类安全概念显得特别富有意义，它作为人类发展这一扩张性视角的富有成效的补充概念，直接关注了时为人们所称的“下降风险”（downside risks）（Commission on Human Security，2003：8）。因而，与人类发展的“无失公平的增长”这一主张相对应，人类安全添加了一个重要的维度：“有安全保障的衰退”（downturn with security），两者形成了绪方所说的富有意义的互补。

3. 人类安全相对优先

尽管两者是一种互补关系，多数论者还是认为人类安全具有优先权，虽然这种优先权并非绝对。相关论述以金和穆雷（King & Murray，2002）及利宗和安芮（Leaning & Arie，2000b）为代表。

金和穆雷提出，基于“人类安全”考虑的政策将主要聚焦于那些“为处于最艰难困境的人们所做出的努力”，另一个可供选择的观点就是聚焦于提升人类的平均福祉水平（在另外的情况下称为人类发展）。尽管人类安全作为一种社会政策目标与人类发展相比较，并不具有必然的、绝对的或辞典编排上的优先权，但国际社会主要关注的还是提升人类安全，在有点不平常的情形下除外。他们还以

“全球人类效用最大化”的方法论证了这一规范性偏好的必要性。因为根据国际社会的普遍看法，“横跨广义贫困阀限的小幅福祉增长所带来的效用变化将比除极端变化以外的其他层次上的福祉增长所带来的效用变化”大得多；如果这是事实，那么人类安全相对人类发展的优先权就是一个自然而然的结果（King & Murray，2002）。

利宁和安芮则从人类安全作为人类发展的基本条件的视角论述了人类安全的优先地位。依照他们的看法，人类安全并不指涉生命中全部有价值的东西，它是指“作为人以及感到安全的关键因素”这样一种核心概念。获得人类安全的人们在遭遇冲击时能具有回复力，并具有应对一定范围内的致命威胁的有效机制。然而，他们未必就是健康的、富有的、快乐的或者长寿的。这些都是人类发展的范畴，而人类安全只是人类发展的前提条件而已①（Leaning & Arie，2000b：42）。

（二）人类安全与国家安全

1. 两相冲突论

有论者认为，人类安全与国家安全在现实中往往是相互冲突的。例如，安德鲁·迈克（Andrew Mack）就提出，尽管就理想而言，国家安全和人类安全应当互相强化，然而在20世纪，由政府行为所导致的死亡较之被外国军队所杀戮的人数要多得多；一些政府常常以国家安全的名义行事，却对人类的安全构成严重的威胁（Mack，Andrew，2002：Appendix 2）。

2. 两相补充论

不过，大多数学者还是认为两者可以相互调和与补充。对此，爱德华·纽曼（Edward Newman）、绪方和赛尔斯（Ogata & Cels）、林肯·陈（Lincoln Chen）、人类安全委员会等都有过相关论述。

纽曼认为，人类安全并不一定必然与国家主权发生冲突，传统

① 原文为：These predicates lie in the realm of human development，for which human security stands only as a pre-condition。

的国家安全观正是人类福祉的必要条件（Newman，2001），也就是旨在提升人类福祉的人类安全的必要条件。绪方和赛尔斯的观点是，尽管国家安全的关注范围相对集中，而人类安全的关注范围更为宽广，但人类安全需要有强大而稳定的国家（Ogata & Cels，2003）。

事实上，多数论者都反对那种“有了人类安全的概念之后就必须摒弃国家安全概念”的观点。例如人类安全委员会就认为，安全概念的改变导致了“国家安全”及“人类安全”两者并存的局面，而“人类安全”与“人的安全”（the security of people）意义相同，并应包括“社会安全”（societal security）[①]。“人类安全”可在四个方面与国家安全互补：

● “人类安全”所关心的是个人及社区，而非国家；

● 对个人安全的威胁包括诸多过去并没有被纳入国家安全威胁范畴的因素；

● “人类安全”的行为者超出了国家这一范畴；

● 实践“人类安全”不只是保护人们，也包括授能（empowering）人们使其能保护自己（Commission on Human Security，2003：4）。

当然亦有人认为“人类安全”会无可避免地对国家安全的定位提出挑战，但是论者还是认为这两个概念基本上是相辅相成的，因为如果一个开放、宽容及负责任的国家能够保障其人民，那么人民的安全便可得到较好的保障；而保障“人类安全”则可以强化国家的正当性及能力（Department of Foreign Affairs and International Trade，Canada，2000：1）。也有人更进一步地强调人类安全乃是终极目的，而其他形式的安全如军事安全等却并非如此，因此其他形式的安全只是达成人类安全终极目标的手段而已（Chen，1995：139）。

---

① Background Document for the Workshop，“Workshop on Relationship Between Human Rights and Human Security”，December 2，2001，San Jose，Costa Rica，pp. 1 - 2.

3. 人类安全优先论

与上述两种看法相左，英吉·考尔（Inge Kaul）、劳埃德·艾斯华兹（Lloyd Axworthy）等学者认为国家安全应当为实现人类安全服务，服从于人类安全的优先需要。

具体而言，艾斯华兹认为人的安全应优先于其他安全关注事项（Axworthy，2001）。考尔则视领土与国家安全及国家主权为实现人类安全的手段，认为国家主权不应被政府用做侵犯人类生存权或发展的可持续性的借口。他因此提出了国家主权的四大原则：

● 政府应当使人民和国际社会确信其“提供基本需要的不受限制的责任心和透明度”；

● 政府应当为“所有具有超越国界之影响的政治举措”对整个人类负责；

● 如果政府能够令人信服地证明，其已尽力而为仍不能确保人类安全，国际社会就有义务提供帮助以满足其人类安全所需；

● 为使国际社会有效地应对气候变化等全球性的发展问题，政府应当宣示其愿意将相关国家事务的决策权移交给国际社会的立场（Kaul，1995）。

其实，考尔也已认识到，他的这一主张会招致怀疑和反对，正如其所坦言的，“仅仅是若干年之前，这样的建议会被视为异端”。然而他从历史演变的角度进行了辩护。他指出，1945 年之后的一段时间，许多国家尚在为获得政治独立、建立民族—国家而努力，其主权是否为他国所承认被视为重要之事。此外，“冷战”时期超级大国及其盟国间的意识形态和政治对立也使得“不干涉他国内政”成为国际政治神圣不可侵犯的准则。然而当今的情势已然改变，因为几乎所有的国家都已获得政治独立，人们越来越认识到市场的全球化已经褫夺了民族—国家决策权的重要方面，越来越多的发展问题呼唤采取共同的政治方略（Kaul，1995），因此，国家主权应当服从于国际社会共同行动的需要。

4. 国家安全特定优先论

与第三种观点相类似，绪方和赛尔斯曾提出，在特定的条件下，国家安全可以优先于人类安全利益。只是在这种情况下，国家应尽一切可能的努力保护人们，将各种负面影响减少到最低程度（Ogata & Cels，2003）。

5. 小结

归结多数论者的探讨，人类安全与国家安全之间并没有彼此替代的冲突；人类安全作为一种新兴的安全理念，其实并无意也无须取代国家安全，它只是强调了应将人的安全置于安全概念的核心的重要性，并认为在一些情形下对人类安全的考量要超越于国家安全的考虑。这就如托马斯（2000）在《全球治理、发展与人类安全：贫穷与不平等的挑战》一书中表达的那样，应将人类安全的实现置于对国家利益的追求之上（Tang，2002：172）。或许这就是人类追求天下一家、天下大同的心声的一种时代性的表达。

（三）人类安全与人权

人类安全与人权的共同点是两者都以人为关注的中心，但二者关系究竟怎样，仍是见仁见智。概括廖福特（2003）对各方论述的研究，可以将各种观点归纳为三种类型：两者互补；人权为人类安全的一部分；人类安全为人权的一部分①。

1. 两者互补

这类主张以人类安全委员会为典型。根据其观点，人类安全与人权保障是相互补充的理念，将与“人类安全”有关的自由认定为重要的人权种类有助于人类安全的实践（Commission on Human Security，2003：9）。绪方贞子女士亦认为，尊重人权处于“保护和授能”民众的核心位置（Ogata，2004），因而也就是处于保护人类安全的核心（Ogata & Cels，2003）。人类安全通过“保护和授能”框架（Ogata，2004）及在特定的不安全情势下认定“受到威胁的权力和义务”的认知与实践框架（Ogata & Cels，2003），提供了实现

① 由于中国台湾学者廖福特对此问题已有比较深入的研究，这里仅作简单的摘录与补充，更为翔实的论述请参看廖福特（2003）。

人权的更佳手段。而人权帮助回答了“应如何确保人类安全”的问题，其“法定责任和义务的主张”补充了“对人类安全的道德重要性和政治重要性的认知”（Ogata & Cels，2003）。

此外，联合国副人权高级专员伯特兰·拉姆查（Bertrand G. Ramcharan）认为，如果没有对所有领域的人权的尊重，则人类安全将无法确保（Ramcharan，2002：231）。与此相呼应，有机构提出，一个全面的长期的人类安全政策应当考虑树立人权价值是社会主要目标的观念，且人类安全应建立在长期的人权教育的基础之上[①]。“人权教育与人类安全原则格拉茨宣言”（Graz Declaration on Principles of Human Rights Education and Human Security）也认为，人权保障与人类安全是互相关联的，因为促进及实践人权是人类安全的目标及内涵[②]。人类安全网络组织则强调，对于人权及人道法的承诺是建立人类安全的基础；假如每个国家都能够保障及促进人权、法治、民主制度及民主治理、和平解决文化冲突，那么人类安全便可以获得提升。[③]

2. 人权包含人类安全

有论者认为人类安全应是人权的一种，或者说人类安全所诉求的理念为人权的一部分。例如欧洲人权与民主训练研究中心（European Training and Research Centre for Human Rights and Democracy）出版的《了解人权——人权教育手册》（Understanding Human Rights Manual on Human Rights Education）即指出，人权界定了人类安全的意义。因为《世界人权宣言》第 3 条、《公民权利和政治权利国际公约》第 9 条所保障的个人自由及安全的权利，就是指免于恐惧的自由；而《世界人权宣言》第 22 条、《经济、社会及文化权利国际公约》第 9 条所保障的社会安全权利，与其他经济社会及文化权相结合，就是免于匮乏的自由（European Training and Research Centre

---

① People's Decade of Human Rights Education，Human Rights Education：A Development Strategy Toward Human Security-Our Contribution to the People's Agenda，p. 2.

② Graz Declaration on Principles of Human Rights Education and Human Security，5th Ministerial Meeting of the Human Security Network，Graz，8 - 10 May 2003.

③ Human Security Network，1st Ministerial Meeting，Norway，20 May 1999.

for Human Rights and Democracy，2003：17）。

吉德·奥博雷特勒（Gerd Oberleitner）则将安全区分为“个人安全”、“社会安全”及“国际安全”，同时从人权视角出发，认为三者都能从《世界人权宣言》、《公民权利和政治权利国际公约》、《欧洲人权公约》、《美洲人权公约》、《非洲人权与民族权宪章》等人权条约中找到对应的内容，因此“人类安全”其实就是人权的一种（Oberleitner，2002：15－18）。吉德·奥博雷特勒亦认为，采用人权取向的途径了解“人类安全”概念有助于厘清“人类安全”的内涵及其对国际法律秩序的冲击（Oberleitner，2002：7）。相同地，洛伊德·安克斯沃茨认为《联合国宪章》、《世界人权宣言》及《日内瓦公约》都承认个人的人身自由权利（Axworthy，2001b：4）。而沃尔夫冈·本尼德克（Wolfgang Benedek）也认为《世界人权宣言》第3条应被赋予新的历史意义。他提出，实践人类安全的最佳策略就是完全实践人权保障，只要人权受到保障就有“人类安全”（Benedek，2002：6）。而爱伦·赛登斯蒂克（Ellen Seidensticker）则认为，将人类安全置于人权领域中可以强化相对的义务，促进人类安全的方法之一就是鼓励将人类安全理念融入人权保障、人类发展及国家安全的相关理念之中（Seidensticker，2002：2）。马吉德·德拉尼安（Majid Tehranian）甚至提议将“人类安全权”视为第五代人权，并认为除非我们认识到个人乃是宇宙的一部分，否则人类安全将无法完全实现（Tehranian，1999：180）。

3. 人类安全包含人权

恰与第二种观点形成对比，有不少论者主张人权只是人类安全理念的一部分。例如廖福特就认为，1994年的《人类发展报告》将人类安全归为七大类，其中的政治安全就包括了保障基本自由及人权的内涵，因而可以推论其认为“人类安全”是较为广泛的概念，人权保障只是“人类安全”的一部分而已（廖福特，2003）。人类安全委员会于2001年12月在哥斯达黎加举办了有关人权保障与人类安全的研讨会，会后发表了“人权作为人类安全之必要部分的宣言”（Declaration on Human Rights as an Essential Component of Human

Security）。该宣言认为，由人权及人性尊严所发展出来的规范架构及概念应该是建构“人类安全”理念的基础，而国际人道法亦同等重要，1993年《维也纳宣言》所宣示的人权普世性、全面性及依存性必须成为“人类安全”概念及实践的基础（Commission on Human Security，2001）。

夏洛特·邦奇（Charlotte Bunch）虽然没有明确说明人权与人类安全的关系，但从其论述中可以看出，她是主张将人权作为人类安全的一部分的，不过，她也提醒人们，要注意“使人类安全的讨论与人权脱节或者将其作为人权的替代品”的威胁（Bunch，2004）。

第三章　人类安全的理念渊源

关于人类安全的新近讨论虽然已是20世纪90年代后半期的事情，但其理念内涵可以说由来已久，不少学者依据其个人判断，分别上溯到了不同的年代，远者更将相关的讨论追溯到了几百年以前。如果就近从国际学术界的发展脉络来看，则人类安全概念的出现，正是20世纪90年代外交政策的两股主要绳索——经济发展与军事安全——相缠绕的结果[①]；正是由于国际社会对经济发展与国家安全的重新审视，引发了人类安全概念的产生和发展。但倘若将其置于整个人类发展的历史长河中考量，笔者则认为，"人类安全"概念的问世，主要是由安全观的更迭、发展观的嬗变以及政治观的演进共同促成的。下文即从这三个方面展开阐述。

一、安全观的更迭

所谓安全观，是指人们对于何谓安全、谁的安全、威胁来源、实现手段[②]等问题的认识。学术界一般将安全观划分为传统安全观

---

① Gary King, Christopher Murray, "Rethinking Human Security", Political Sicence Quartely, Vol. 11b, No. 4, 2002.

② 一些学者归纳为核心价值（core value）、指涉对象（referent object）、威胁类型（type of threats）及获得安全的途径。参见陈欣之："国际安全研究之理论变迁与挑战"，载《（台北）远景基金会季刊》2003年第4卷第3期。

与非传统安全观两大类型。传统安全观注重国家的军事、政治安全，这种关切自古皆然。《孙子兵法》云："兵者，国之大事，死生之地，存亡之道，不可不察也！"[①] 希腊城邦间的争战，则构成了西方世界对安全观的认识起源，维持国家的生存成为国家精英最关切的课题。"冷战"时期两极核对抗情况下的安全观，就是传统安全观的一种典型形态。它将国家视为安全问题的唯一指涉对象，威胁的来源也仅有一个，就是敌对集团的军事威胁；安全的核心价值就是保证国家的生存与主权完整，实现安全的手段就是政治结盟与核威慑。

与此相对，非传统安全观将其关注点拓展到了经济、社会、环境、健康、人权等各个领域；国家的安全核心价值，从国家领土及主权的确保，扩展到政治制度的存废、社会沟通的顺畅、内部种族关系的和谐及稳定、文化的维系与融合、经济的繁荣及成长及公平正义等价值。而威胁到这些国家核心价值的，不仅有来自外在的军事威胁及政治颠覆，还包括内在的经济落差、社会分化及种族纷争、执政正当性的下降及被整合人其他文化的趋势等[②]。安全主体则呈现为个人、社群（宗派、种族、民族等）、国家、国际、地区、全球等的立体性层次，安全的实现依赖于合作而非竞争。"人类安全"就是非传统安全观的一个典型。从某种意义上来说，近几十年来国际社会对于安全观的审视和反思的成果就较为集中地体现在这一全新安全观之中。

具体而言，"人类安全"的理念内涵可就近追溯到安全研究领域的一大思想学派。这一学派代表了国际关系和国际政治经济学的一个特定研究领域，即巴瑞·布赞（Barry Buzan）学派及所谓的哥本哈根学派，也被称为"新安全理论"。布赞首先将传统的安全观横向地扩展以超越国家的政治和军事安全，这一思想在"冷战"时代终结后又被纵向地拓展以"自下而上地、跨越疆域地"定义安全

① 《孙子兵法·始计篇》。

② 参见陈欣之："国际安全研究之理论变迁与挑战"，载《（台北）远景基金会季刊》2003 年第 4 卷第 3 期。

概念[1]。因此，“人”（humans）就取代“国家”（states）成为安全的最终关注焦点，国家则已经常代表着一种人类不安全的来源[2]。

20 世纪 80 年代初期，“裁军与安全议题独立委员会”所出版的报告就已涵盖了相当多的、当今人们所讨论的“人类安全”相关议题。1982 年该委员会出版的“共同安全报告”（Common Security Report）提出了有关和平与安全问题的替代思考方式。尽管报告的焦点仍然是军事议题和国家安全，但第三世界国家遭受的由贫穷、剥削、经济不平等所造成的威胁也在报告中作了讨论。报告还指出：“共同的安全就是要求全人类生活在尊严与和平当中，粮食充裕，工作有着，没有贫穷，也没有匮乏”[3]。90 年代初期，由于“冷战”的结束及全球化的快速发展，应在安全问题上有新思维的呼声越来越高。1991 年，“斯德哥尔摩全球安全与治理倡议”开始挑战以国家为中心的传统安全观，呼吁扩大安全关涉的领域，探讨因发展滞缓、环境恶化、人口过度增长和迁徙以及民主政治发展滞后等问题所造成的安全威胁[4]。1995 年，“全球治理委员会”（the Commission on Global Governance）出版了题为《我们的全球邻里》的报告，以响应“斯德哥尔摩全球安全与治理倡议”提出的扩大安全关涉领域的呼吁，认为应区分“国家的安全”与“人民的安全”，并将传统的“安全指涉对象”（the referent object of security）予以拓展以同时包括“人民”（people）[5]。这一思想就如梅莉莎·柯利和尼古拉斯·托马斯（Melissa Curley，Nicholas Thomas）指出的那样，

---

① L. Thompson，A. Leysens，“Changing notions of human security in the Southern African region”，*Transformation*，No. 43，2000，pp. 1 – 7.

② L. Thompson，A. Leysens，“Changing notions of human security in the Southern African region”，p. 9；Lloyd Axworthy，“Human Security and Global Governance：Putting People First”，*Global Governance*，Vol. 7，Issue 1，2001，pp. 19 – 20.

③ Independent Commission on Disarmament and Security Issues，*Common Security：A Blueprint for Survival*，New York：Simon and Schuster，1980.

④ Stockholm Initiative on Global Security and Governance，*Common Responsibilities in the 1990's*，Stockholm：Prime Minister's Office，1991.

⑤ Our Global Neighbourhood，*Report of the Commission on Global Governance*，Oxford University Press，1995. 参见宋燕辉：“‘人类安全’之发展与推动：亚太国家的态度及作法”，人类安全与 21 世纪的两岸关系学术研讨会论文，2001 年。

如果仅从国家安全的角度考虑，人民的安全也是最根本的安全，因为“国家的安全有赖于其公民个人的安全。如果他们受到了威胁，国家也就没有了安全”[①]。

由此可见，随着社会的发展，一些国家和国际行为者、组织、学者越来越多地讨论到安全性质的演变和安全的新时代含义。学者和政策制定者逐渐认识到，即便是成功地保障了领土完整，也并不一定能确保国内公民的安全。分析家也开始认识到环境恶化和自然灾害如流行病、洪水、地震、干旱等都是如同人为的军事灾难一样的重要安全威胁[②]。苏联的解体、主要强国间战争威胁的下降、期望中的和平红利，进一步引发了是否应将安全概念进一步拓展的讨论[③]。这些讨论都使得人们从全球的视角而非单个国家的视角，以及共同安全理念出发来考虑安全问题，安全研究也开始从聚焦于单个国家中解脱出来，同时包括了军事和非军事的威胁。

著名经济学家马布·乌尔－哈克[④]（Mahbub Ul-Haq）在安全观的更迭过程当中扮演着举足轻重的角色，在1994年《人类发展报告》系统提出“人类安全”概念之前，他就已积极倡导一种将人类作为“安全指涉对象”的新理念（new thinking）或范例（paradigm）。乌尔－哈克认为，世界已进入一个新的“人类安全”世纪，其中整个安全概念不但将改变，而且会是巨大的改变。依据这一新概念，安全将是人民的安全，而不仅是国家的安全；所关注的应是

---

① Melissa Curley, Nicholas Thomas, “Human security and public health in Southeast Asia: the SARS outbreak”, *Australian Journal of International Affairs*, Vol. 58, Issue 1, Mar 2004.

② Richard Ullman, “Redefining Security”, *International Security*, Vol. 8, No. 1, 1983, pp. 129－153.

③ Jessica T. Mathews, “Redefining Security”, *Foreign Affairs*, No. 68, Spring 1989, pp. 62－77; Theodore C. Sorenson, “Rethinking National Security”, *Foreign Affairs*, Summer 1990; Michael T. Klare (eds.), *World Security: Challenges for a New Century*, New York: St. Martins Press, 1992; Zbigniew Brezinski, “The Cold War and its Aftermath”, *Foreign Affairs*, No. 71, Fall 1992, pp. 31－49.

④ 马布·乌尔－哈克在建构“人类发展指数”（Human Development Index, HDI）与“人道治理指数”（Humane Governance Index, HGI）的过程中扮演着相当重要的角色，1994年的《人类发展报告》深受其影响。

人们的生活，而不是国家的军事实力；所要保护的价值主要是个人在家庭、工作、街道、社区及自然环境里的安全与福祉①。受到乌尔－哈克等人的影响，1993 年《人类发展报告》提出，“新的人类安全观必须强调人的安全，而不是局限于国家的安全”②③，1994 年的《人类发展报告》则水到渠成地系统宣示了推动“人类安全”概念以取代传统安全概念的必要。

二、政治观的演进

“人类安全”概念对个人安全与自主的强调则应是一种更为古老的思想。这方面的观点已有多名学者提及。例如，按照威索瓦·沙克（Waisova Sarka）的说法，17 世纪中期法国革命时期就有类似的看法④。斯维尔·诺甘德（Sverre Lodgaard）则提出，这种思想的历史应与 1648 年《威斯特伐利亚条约》签订后所发展出的“民族国家”（nation state）概念同样悠久⑤。而艾玛·罗特希尔德（Emma Rothschild）认为可将这一理念追溯到 18 世纪的启蒙时代，当时提倡个人的自主与自由，以对抗政府的命令与统治⑥。大卫·默丁思

① Mahbub Ul-Haq, “New Imperatives of Human Security”, *RGICS Paper* No. 17, Rajiv Gandhi Institute for Contemporary Studies, New Delhi: Rajiv Gandhi Foundation, 1994.

② 原文为：New concepts of human security must stress the security of people, not only of nations.

③ UNDP, *Human Development Report 1993*, New York: Oxford University Press, 1993, p. 2.

④ Sarka Waisova, “Human Security: the Contemporary Paradigm?” *Perspectives: Central European Review of International Affairs*, Vol. 20, 2003.

⑤ Sverre Lodgaard, “Human Security: Concept and Operationalization”, paper presented at the conference “Security with a Human Face: Expert Workshop on the Feasibility of a Human Security Report”, John F. Kennedy School of Government, Harvard University, 1－2 December. http://www.cpdsindia.org/globalhumansecurity/operationalisation.

⑥ Emma Rothschild, “What is Security?” *Daedalus*, Vol. 124, No. 3, Summer 1995, p. 66.

也曾提出，如果考虑到《国际人道主义法》与《人权法》的发展实质上遵循着同样的准则，那么事实上自1864年以来，国际社会就已卷入了这一争论①。

上述学者提出的种种历史溯源不无道理。但就近说来，应以1945年《联合国宪章》和1948年《世界人权宣言》的相关主张为一历史新起点。尽管联合国建立的主要目的在于维护国际和平、解决国际争端，同时也旨在促进国际合作，以解决国际间属于经济、社会、文化及人类福利性质的国际问题，增进并激励对于人权及基本自由的尊重。1948年通过的《世界人权宣言》也明确宣示了生命权、工作权、受教育权、言论自由等人的基本权利。这些权利正是"人类安全"所倡导的、需要确保的"人的安全"的基本内容。有论者更进一步指出，"人类安全"所诉求的理念正是人权的一部分。例如欧洲人权与民主训练研究中心出版的《了解人权——人权教育手册》即指出，人权界定了"人类安全"的意义，因为《世界人权宣言》第3条、《公民权利和政治权利国际公约》第9条所保障的个人自由及安全的权利，就是指"免于恐惧之自由"，而《世界人权宣言》第22条、《经济、社会及文化权利国际公约》第9条所保障的社会安全权利，与其他经济、社会及文化权利相结合，就是"免于匮乏之自由"②。吉德·奥博雷特勒也从人权视角出发，认为《世界人权宣言》第3条、《公民权利和政治权利国际公约》第9条、《欧洲人权公约》第5条、《美洲人权公约》第7条及《非洲人权与民族权宪章》第6条都与个人安全保障有关，要求国家不干涉个人人格的完整。因而，可以采用人权取向的途径来理解"人类安

---

① David R. Meddings, "Human Security: A Prerequisite for Health", *British Medical Journal*, Vol. 322 Issue 7301, 23 June 2001, p. 1553.

② European Training and Research Centre for Human Rights and Democracy, *Understanding Human Rights Manual on Human Rights Education*. European Training and Research Centre for Human Rights and Democracy, 2003, p. 17.

全”的内涵①。此外，洛伊德·安克斯沃茨、沃尔夫冈·本尼德克等也持有类似的看法②。换而言之，国际社会的人权理念直接影响了“人类安全”对于人的政治权利、公民权利等的强调和重视，或者说“人类安全”在很大程度上吸纳了人权理念的成果。

政治观的演进对于“人类安全”的发展的作用也可以从持不同政治理念的国家对“人类安全”的态度差异上得到侧面的反映。

根据李滨的研究，政府对“人的安全”问题的关注程度往往与国家的政治体制有关，开放、民主的社会对关系民生的非传统安全问题关注得更为深入、全面③。不同类型的国家对于非传统安全威胁的关注侧重点也往往很不相同④。由此可见，国家的政治发展程度不同，其所秉持的政治理念也就各异，并相应地有不同的安全需要。以亚洲为例，多数国家对于“人类安全”的最初反应是谨慎、怀疑的，因为其所秉持的政治观是一贯坚持以国家为中心的安全秩序，强调国家主权，反对干涉一国国内事务。因而，在理解和发展“人的安全”上，“免于匮乏之自由”（经济、文化及社会权利）超过了“免于恐惧之自由”（公民及政治权利）；并有一些人抵制“免于恐惧之自由”，因为它与人权和人道主义干涉的主张联系密切，故而便用“非传统安全”的说法来取代“人的安全”，因为前

---

① Gerd Oberleitner, “Human Security and Human Rights”, Occasional Paper Series 8 (Graz: European Training and Research Center for Human Rights and Democracy), 2002, http://www.etc-graz.at/publikationen/Human%20Security%20occasional%20paper.pdf.

② Loyld Axworthy, “Introduction”, in Rob McRae and Don Hubert (eds.), *Human Security and the New Diplomacy Protecting People, Promoting Peace*, McGill-Queen's University Press, 2001; Wolfgang Benedek, “Human Security and Prevention of Terrorism”, European Training and Research Centre for Human Rights and Democracy, Occasional Paper Series, Issue No. 2, 30 October 2002, http://www.etc-graz.at/publikationen/Seiten aus Human Security-Vienna Lecture 10 - 2002 - 3. pdf.

③ 李滨：“中国目前面临的主要非传统安全问题及其排序”，载《世界经济与政治》2004 年第 3 期。

④ 傅梦孜：“从经济安全角度谈对‘非传统安全’的看法”，载《现代国际关系》1999 年第 3 期。

一种说法在表达安全的对象是国家还是个人的问题上最为模棱两可[①]。这种状况只有在其政治观受到亚洲金融危机等的冲击而发生逐步转变以后，才发生了改观。至此，亚洲各国、地区组织、学术机构和民间社团对“人类安全”的态度才逐渐转向积极。

三、发展观的嬗变

“人类安全”概念的产生也是与发展观的历史变化密不可分的。

早在威廉·配第（William Petty）[②]和亚当·斯密（Adam Smith）[③]在17和18世纪著书立说时，发展经济学的领域聚焦于广泛的、包容性的定义与人类成就和福祉的目标。然而，第二次世界大战后，人们开始将国民收入作为发展的主要目标而加以关注。渐渐地，对于人均收入的、过于狭窄的关注招致了越来越多的批评。人们也越来越认识到收入并非总是能预示其他福祉的状况。例如，UNDP就对长期以来将人均GNP作为考察经济发展手段的垄断性思维进行了批判，并明确提出反对使用人均GNP作为生活水平测量的具体建议[④]。此外，联合国儿童基金会开展的“结构调整对儿童健康、营养和教育的影响”的研究也在这方面具有特别的影响[⑤]。

20世纪70年代出现了许多支持这种观点的声音，并主要侧重

① ［加拿大］保罗·埃文斯：“人的安全与东亚：回顾与展望”，汪亮译，载《世界经济与政治》2004年第6期。

② William Petty, *Political Arithmetick*, London: Robert Clavel and Hen Mortlock, 1960.

③ Adam Smith, *An Inquiry into the Nature and Causes of the Wealth of Nations*, Oxford: Clarendon Press, 1976.

④ United Nations, *Report on International Definition and Measurement of Standards and Levels of Living*, New York: United Nations, 1954.

⑤ Gary King, Christopher Murray, "Rethinking Human Security", Political Sicence *Quartely*, Vol. 116, No. 4, 2002.

在建立和使用社会经济指标来衡量发展水平[①]。“基本需求”（basic needs）概念成为当时有关发展政策讨论的核心[②]。而所谓“隐形学院”（invisible college）或“罗马俱乐部”（the Club of Rome）的成员在70年代初期则着手进行有关“人类困境”的研究计划[③]。该计划的主要目的在于探讨带给人类和所有国家的下列复杂问题：富足中的贫困、环境退化、就业无保障、排斥传统价值、通货膨胀以及金融和经济的混乱等。“罗马俱乐部”将上述问题称为“世界性的问题”[④]，今天看来，也即全球“人类安全”所面临的威胁。到了80年代初期，“国际发展议题独立委员会”所出版的报告也涵盖了相当多的当今人们所讨论的“人类安全”相关议题。其在1980年出版了《南北报告》（North-South Report），该委员会主席威利·勃兰特（Willy Brandt）在报告中指出：“本报告依据的是最简单的共同利益，亦即人类要生存，甚至人类有要生存的道德义务。这不仅带来和平与战争的传统问题，也产生如何克服世界饥饿、大灾难以及贫富差距过大的问题”。报告同时强调，最优先与最重要的目的是要解决全人类的问题[⑤]。这种以人为本的思维方式正是今日“人

---

① I. Adelman, C. T. Morris, Society, *Politics and Economic Development*, Baltimore: John Hopkins University Press, 1967; United Nations Research Institute for Social Development (UNRISD), *Contents and Measurement of Socio-economic Development*, New York: Praeger Publishers, 1972; M. D. Morris, *Measuring the Condition of the World's Poor: The Physical Quality of Life Index*, New York: Pergamon, 1979; N. Hicks, P. Streeten, "Indicators of Development: The Search for a Basic Needs Yardstick". *World Development* 7 (6): 566-590, 1979.

② N. Hicks, P. Streeten, "Indicators of Development: The Search for a Basic Needs Yardstick"; P. Streeten, "From Growth to Basic Needs", *Finance and Development*, 16 (3), 28-31, 1979.

③ Donella H. Meadows, et al., *The Limits to Growth: A Report for the Club of Rome's Project on the Predicament of Mankind*, New York: Universe Books, 1972.

④ Donella H. Meadows, et al., *The Limits to Growth: A Report for the Club of Rome's Project on the Predicament of Mankind*, pp. x-xi.

⑤ Independent Commission on International Development Issues, *North South: A Programme for Survival: Report of the Independent Commission on International Development Issues*, Cambridge, Mass.: the MIT Press, 1980.

类安全”概念所强调的重点[①]。

可以说，随着经济社会的发展，国际社会逐步从对经济发展的集中关注转移到了重视人的全面发展的轨道上来。由于注意到这些方面，1998 年度的诺贝尔经济学奖获得者阿马蒂亚·森及马布·乌尔-哈克等人开始积极倡导一种“以人为本”式的发展观，并于 1990 年发起了联合国《人类发展报告》系列书籍的写作和出版，以倡导和推行这种新的人类发展观。这一系列的报告在新的高度上重提了古代思想家如亚里士多德等人的以“人”为发展的中心的思想，提出了经济发展为人的全面进步服务的主张。根据这种新的发展观，人类发展就是拓展人的选择的过程，其中最为重要的是长寿而健康、经受教育、享受到体面的生活；其他的选择包括政治自由、有保证的人权和自尊等[②]，而拓展这些选择的基础是增强人们的“可行性能力”（capability）。

这种新的人类发展观对“人”的重视和强调，加速了国际社会从“对国家的集中关注”向“对人的关注”的转移，人们越来越认同《人类发展报告》所提倡的新理念，即发展必须以人而非国家疆域安全为关注的中心，并推动除经济福祉以外的健康、教育、政治自由等的发展[③]。因此，新的安全观不仅将安全的指涉对象从国家拓展到“人”本身，且涵盖了人在社会各个层面上包括经济、健康、人身、政治、环境等方面的全方位的安全。

四、小结

依据马斯洛的需要层次论，安全需要是人类的最基本需求。因

---

① 参见宋燕辉：“‘人类安全’之发展与推动：亚太国家的态度及作法”，人类安全与 21 世纪的两岸关系学术研讨会论文，2001 年。

② UNDP, *Human Development Report* 1990, New York: Oxford University Press, 1990. Chapter 1.

③ Gary King, Christopher Murray, “Rethinking Human Security”.

此，人类安全也应当是人类发展的最基本目标。从世界各国的实践来看，唯其有了人类安全的保障，才能获得长期有效的发展，所以人类安全又是人类发展的前提保障。因此，无论从目的还是手段的角度来看，如何实现人类安全都是人类社会在前行过程中需要认真应对的一个关乎安全、发展与政治的基本问题。也正是由于这样的原因，本节分别从这三个方面追溯了人类安全的理念缘起。

从以上的历史溯源可见，“人类安全”这一概念所包含的内容并非全新的发明创造，它所讨论的问题在国际关系学、发展经济学、政治学等领域中早有程度不同的涉及。它的突出贡献就在于其以综合性的视角，整合了上述各个领域的研究成果并将其发扬光大。从这种意义上来讲，“人类安全”所包含的理念虽非首创，但它是一种新的诉求、一个新的视角、一套整合的理念，是一个集大成的、富有意义的概念；它综合体现了千百年来全人类所崇尚的“以人为本”的博大情怀和孜孜以求的“天下大同”的终极目标，也代表着整个人类的基本发展方向。

第四章 人类安全的价值争论

自 UNDP 系统提出上述人类安全概念以来，其价值与作用一直是国际社会的讨论焦点。虽然人类安全概念因其“以人为本”的价值取向而备受人们的推崇，在解释和应对新的安全挑战方面引人注目，但相关的批评也此起彼伏。以下即分正反两个方面对这些观点进行简要的介绍。

一、对人类安全概念的批评

相关的批评包括定义宽泛、缺乏可操作性、过于理想化、没有实质上的新意、安全主体的内在矛盾、易遭利用、具有文化中心主义的嫌疑等，其中又以其宽泛性与含糊性最受诟病。

（一）定义宽泛含混

金和穆雷（King & Murray）批评说，即便是一些“人类安全”概念的坚定支持者也认识到，从轻来说，它阐释拙劣、难以量度，从重来说，则是一个模糊而逻辑矛盾的口号。它过于宽泛，试图将所有的福祉成分都收入囊中，这样反而会变得没有意义。例如，UNDP 所定义的人类安全的七个维度意味着一系列“潜在地相互联系和重叠的以人类尊严为中心的维度”，却没有提供一个将它们整合为单一概念的条理明晰的架构（King & Murray，2002）。罗娜·戈尔德（Lorna Gold）则担心它将有可能成为另一个国际性行话中的时髦词汇或流行语，因为这一概念与其他像“全球公共物品”、“人类发展”、“可持续发展”、“公共善”（common good）① 等宽泛概念之间有着明显的交叉（Gold，Lorna，2004）。

Roland Paris 也对 UNDP 的人类安全定义的含糊性提出了批评，他指出，特别有两大问题限制了人类安全概念对国际政治的研究者和实践者的作用。首先，这一概念缺乏一个明确的定义。人类安全就像“可持续发展”——所有人都支持它，但少有人知道它的确切含义。其次，人类安全的最热心支持者倾向于为维护其利益而保持这一术语的宽泛性和含糊性，从而减弱了这一概念作为学术研究和政策制定的指南的作用（Paris，2001）。

Lincoln Chen 也有相似的看法，认为“人类安全”概念是如此模糊，以致无法付诸实践（Chen，1999）。这正如有人指出的那样，假如“人类安全”是宽泛的，或许就难以为政策和行动分出轻重缓急。一系列的相关术语已被提出——人民安全、难民安全、生计安全、环境安全、综合安全、健康安全。人们不禁要发出这样的疑问：这繁多如许的不安全怎么能够被统归为一个单一的概念？哪一威胁应优先考虑？又有哪一个可以被排除在外（Chen & Narasimhan，2003）？Astri Suhrke、George MacLean、Sarka Waisova 等学者也有着类似的批评。Suhrke 提出，UNDP 的定义将潜在的人类安全威胁划分为七大类：经济、粮食、健康、环境、人身、社群及政治安全，然而，在每一类型之中都暗含着发展问题，而它们是应当与人类安全问题加以区别对待的（Suhrke，1999）。George MacLean 的观点与此类似，认为所有的个人福祉（包括教育、保健、免遭犯罪）都不应被视为人类安全的议题（MacLean，1999）。Waisova 则批评

---

① “公共善”是社会生活共同体的善，是一种体现集体意志的伦理价值观。它是连接公民道德权利与公民道德义务的伦理纽带。它的精神实质可以诠释为承认公民的公共权利，公民平等参与和共同主宰社会共同体的集体事务。它一方面使公民共同体生活能够体现出公正性，另一方面使共同体的每个成员和谐地共同生活与共同发展。它不仅仅是抽象的道德原则和观念，而且表现为符合公共权利的道德实践。

说，对于人类安全概念所包含的一系列议题，UNDP 并没有提供一个充分的优先次序——它看起来包含一切并没有清晰的界限和目标（Waisova，2003）。

（二）过于理想化

一些人提出，“人类安全”概念“太理想化”，未能将“快速变动的国际体系中的地缘政治权力”这一现实世界的政治因素考虑在内。它所投合的似乎既非最强大也非最弱小的国家，而是“中间势力”（Chen & Narasimhan，2003）。按照 Kristen Timothy 的归纳，“人类安全”的架构迎合的主要是加拿大、挪威、智利、奥地利、爱尔兰、希腊、约旦及荷兰等中等强国（Timothy，2004）。因而难以适应时代的普世的需要。

在 1995 年的哥本哈根社会发展峰会上，联合国发展计划署提出的人类安全定义曾被提交大会征求同意，但最终未被正式采纳，其主要原因也是与会者认为该定义过于理想化，并危及传统的国家安全概念（ISSD，1995）。

（三）难以操作

不少学者视人类安全为一种安全政策议程，因而特别关注了实际的可操作性问题。由于 UNDP 定义的宽泛含混的直接结果就是其可操作性的损失，因此这方面的批评可谓比比皆是，故而 Matt McDonald 评论说，这或许是对于 UNDP 的“人类安全”定义的最普遍的诘难（McDonald，2002）。

这种批评认为难以看出人类安全方法该如何操作，在当前的权力和决策程序框架之下尤其如此（Boer & Koekkoek，1994）。Lincoln Chen 对此有一个精要的概括，他认为，“人类安全”的概念提供了一个“软心肠的”（soft-hearted）研究策略，而不是一个“讲求实际的”（hard-headed）研究策略，难以有效地被执行（Chen，1999）。

除此以外，另一个人们所关心的话题是，考虑到个人安全的不同方面有可能互相冲突，如提高少数民族的权利有可能同时削弱国家或民族的一致性（Waisova，2003），那么，它将如何在相互竞争的需求和目标间做出裁决。当人类安全的不同成分（如环境与经济）出现矛盾之后，究竟谁的安全应受保护，哪种类型的利害关系又应优先考虑呢（Suhrke，1999）？是何者（国家、公民社会、私有部门），又是在何种情况下，应为保护人们的安全负责呢？（Basch，2004）。这些都是UNDP定义难以解答的疑惑。

（四）新瓶装旧酒

还有的批评者认为“人类安全”概念只是“新瓶装旧酒”（old wine in new bottles），将传统的对“免于恐惧之自由”与“免于匮乏之自由”的关注加以综合而已。前者提出了政治自由而后者强调了经济权利，这大体上又与第一代和第二代的人权主张相对应（Chen & Narasimhan，2003）。

而有些人更是将人类安全归结为人权的一种，或者说人类安全所诉求的理念为人权的一部分。例如欧洲人权与民主训练研究中心出版的《了解人权——人权教育手册》即指出，人权界定了人类安全的意义。因为《世界人权宣言》第3条、《公民权利和政治权利国际公约》第9条所保障的个人自由及安全的权利，就是指免于恐惧的自由，而《世界人权宣言》第22条、《经济、社会及文化权利国际公约》第9条所保障的社会安全权利，与其他经济社会及文化权相结合，就是免于匮乏的自由（European Training and Research Centre for Human Rights and Democracy，2003：17）。Gerd Oberleitner则将安全区分为“个人安全”、“社会安全”及“国际安全”，同时从人权视角出发，认为三者都能从《世界人权宣言》、《公民权利和政治权利国际公约》、《欧洲人权公约》、《美洲人权公约》、《非洲人权与民族权宪章》等人权条约中找到对应的内容（Oberleitner，2002：15－18）。因此，所谓“人类安全”其实就是对一些人权维度的综合，它在内涵上并无新意。

（五）安全主体问题

Krause & Williams 特别关注了“主体性”（agency）的问题。他们认为，既然国家看来已明显是实现个人安全的“主体”（agent），UNDP 的定义将个人作为安全的指涉对象就会冒“回复国家契约理论”的风险（Krause & Williams，1997）。一个相关的问题是，如果个人构成了安全的指涉对象，“人类安全”就不能充分处理所有议题。因此，将个人作为安全指涉对象并非总是理解不安全的特殊情势的最好方法，因为“认同与族群差异的议题”就可能被忽视。他举例说，土耳其的库尔德人就是作为一个群体的一员而非个体受到威胁的（McDonald，2002）。与此相呼应，Yuen Foong Khong 也对试图将人类个体安全化的做法提出了批评，辩驳了“将人们的安全置于首位会带来和平”的说法，认为将国民的痛苦界定为一种值得引起国际注意与应对的安全问题，并非最明智的做法（Foong Khong，2001）。

与此相联系，批评者提出的另一个重要的问题就是：当人类安全被树为一种目标时，将为谁的利益服务？举例来说，国家负有为其人民增进福祉的责任，然而国家在行使权力时是各不相同且区别对待的。换句话说，权利和资源的获取及其定义常常是与民族、种族、性特征、阶层和性别等因素联系在一起的（Basch，2004）。

（六）易遭利用

关于安全的合适的主体的问题引发了又一个关注点，那就是“人类安全”有可能被行为者（主要是国家）利用来提高其合法性或国际名望。因为如果国家以人类安全来补充传统的安全关注事项，就存在这种可能：安全的机制和优先顺序基本未受触动，而人类安全的关注事项被添加到安全的话语之中（Burke，2001）。

简而言之，国家就有可能无须在政治实践中竭力对人类安全的关注事项加以制度化，而能因其获得的正面的接受“人类安全”理念的印象而获益（McDonald，2002）。而加拿大政府的相关作为正好引发了“人类安全”有可能为国家所利用的问题。首先，加拿大在世界体系中的中等强国地位意味着，接受这样一个安全理论是与其直接的国家利益基本一致的。其次，正如 Jockel & Sokolsky 指出的那样，加拿大对“人类安全”理念的接纳并不意味着干预的政治性质有所改观（Jockel & Sokolsky，2001）。加拿大政府依然对于应在何时何处以人类安全的名义实施干预有所选择（Newman，2001）。在这个层次上，就存在寻求将人类安全与传统安全的关注事务相混合的危险，正如一些学者已经倡导的那样（参见 Tow & Trood，2000；Kim & Hyun，2000）。

（七）普世主义与文化中心主义的悖论

对于人类安全的另一种批评指向的是其“普世主义”及其以西方价值观为基础的“文化中心主义”的缺陷。

1994 年的《人类发展报告》将人类安全描述为一种“普世的关注”（UNDP，1994：22）。并表明人类安全及其蕴含的价值观对于所有地方的人们没有两样。对此，Krause & Williams 就认为，将个人作为安全的指涉对象就有将个体抽象化并忽视认同尤其是集体认同及差异的危险（Krause & Williams，1997）。Kim & Hyun 也对人类安全的普世主义提出批评，认为“人类安全”是以“西方的看重民主、更看重自由市场经济承诺的观念”为基础的（Kim & Hyun，2000）。与这一观点类似，McDonald 认为人类安全“在某种程度上是以发达世界的价值观为基础的西方式设计方案”，因而作为一种安全理论具有局限性（McDonald，2002）。

此外，还有人批评 1994 年《人类安全报告》所确定的重要的经济、社会和文化权利本身就是颇具争议的对象，因为不同的国度对应该包含哪些权利持有十分不同的观点。这正如 Pheng Cheah 等社会批评家指出的那样，人权主张就是由“受全球资本主义驱使的国家利益”模塑而成的（Basch，2004）。既然如此，人们不禁要问，到底应由谁来决定哪些构成了安全需要的“最核心”？什么才能使得人们感到安全?[1] "安全"这一术语究竟在多大程度上是由文化决定的呢(Basch, 2004)?

综合批评者的观点，UNDP的人类安全定义虽然有着普世主义的雄心，却最终陷入了不自觉的"文化中心主义"的泥淖。

二、对人类安全概念的肯定与辩护

虽然UNDP提出的人类安全定义招致了广泛批评，但仍有很多人相信"这一概念的价值正是存在于其整体性(holism)和包容性(inclusiveness)之中"(Paris, 2001)，或认为很有必要从"将人类安全视为政策议程的视角"转移开去，而将其作为一种安全理论加以审视。此外，针对学者们提出的各种各样的具体批评和修正意见，亦有不少学者提出了相应的辩解意见，并对UNDP提出的人类安全理论做出了正面的评价。

(一) 综合性的价值

Matt McDonald评论说，"人类安全已被视为对正在增长中的'安全的不安全'(insecurity of security)情势[2]的一种有潜力的应对理论"。他并提出了人类安全的三大贡献。首先是人类安全理论内在寓含的对于"安全的不安全"的批评；其次是将政治议程向非国家的行为者开放。人类安全的第三大贡献则看似矛盾地被一些批评者视为弱点。他论述说，人类安全作为一个包容世界上所有问题的理论，被一些人批评为连简单的操作都不能完成的钝器(Suhrke,

① 例如，美国人民是更关注恐怖主义的威胁，还是更在意爱国法案对公民自由的强制性限制呢?

② 这种情势是指在传统的安全理论和实践中，国家层次上的对于军事事务的持续的优先考虑使得个人更不安全，对于全世界所有人所面对的最紧迫的威胁未能做出充分的反应。

1999）。然而，将环境变化、军事安全、人权及发展不均衡等如此多样的要素（通过人类安全理论）纳入安全旗下，将有助于我们认识到这些问题在起源与宽泛解决方案上的相互联系（McDonald，2002）。而“人类安全”概念的跨国界构成则为我们提供了一条积累“更大的分析和政策价值”的道路（Thomas & Tow，2002）。

在经过深入的研究之后，Chen & Narasimhan（2003）也坚持说，“人类安全”作为一个政策概念出现，并非无中生有，而是由新的全球力量（“冷战的结束、国际发展的新思考、全球化的力量”引发的对包括健康安全在内的人类安全的新威胁）共同推动的结果。他们论证说，面对所有这些新兴的挑战，我们应采用综合性的策略，再也不能独自行动而不去考虑其他卷入其中的问题和参与者。这在复杂的人道危机中确实如此。同样，如果没有对国际性的贸易、移民和活动的监督、控制及响应，要想控制全球性的流行病也是不可能的。“9·11”恐怖袭击也提醒全世界的人们，不安全是相互依赖的。在一个变得越来越相互联系的世界，其他人的不安全会很快地溢出为自身的不安全。所有这些联系进一步证实，“人类安全”这一概念应该是综合性的，而不应被分拆为严格限定的或肤浅的狭隘区域。

因此，他们提出，“人类安全”有必要坚持为一综合性的、整合性的概念，并认为“人类安全”应该根据“其试图响应的威胁的性质”而定义，尽最大可能地根据“其以人为中心的‘价值基石’、其对新战略的洞见或者其动员和激发形形色色的支持者的能力”来定义。此外，他们还乐观地展望说，“‘人类安全’作为一个综合性的概念，与‘可持续发展’概念具有同样的潜力” （Chen & Narasimhan，2003）。

Sakiko Fukuda-Parr（2004）则格外赞赏了“人类安全”概念对“因遭突然变故而导致的人类福祉层次上的威胁”而非仅仅是“绝对层次上的剥夺和匮乏”的关注。因为前一种威胁影响到了所有层次的人们——无论贫富概莫能外，因而更具综合性、包容性。

（二）时代效用与女性关注

Fukuda-Parr 还从全球化所引发的变迁入手论及了“人类安全”视角的实际效用。她的观点是，全球化引发了快速的经济自由化、政治自由化及技术革新，由于这种变迁速度太快，以至于应对政策难以跟上其发展步伐，这使得公共政策的有效实施往往需要一国政府与国际社会通力合作才能完成。在这种情形下，人类安全的视角特别管用，因为它强调了“为这些行动而制定的全球政策的优先权”（Fukuda-Parr，2004）。

此外，Fukuda-Parr 也提出，人类安全视角的整合性对于女性特别有用。因为“全球化所固有的社会与政治变迁”带给女性的冲击不可能通过“经济维度占主导的分析方法”来解决，而人类安全的包容“基本的经济、社会需要及与冲突有关的威胁”的更为宽广的框架就能更有效地解决这些问题（Fukuda-Parr，2004）。

（三）应视为一种安全理论而非政策议程

McDonald 针对一些人提出的“国家无须‘身体力行’（walking the walk）却能从‘夸夸其谈’（talking the talk）中获益的可能性”，他退一步地指出，尽管只从口头上接受“人类安全”理念，也会有助于约束其行为、改善人类安全的实现环境（McDonald，2002）。因此，他总结说，“人类安全”应当被视为一种“学说”而不是“安全的政策议程”（McDonald，2002）。

简而言之，很有必要从“将人类安全视为政策议程的视角”转移开去，而将其作为一种安全理论加以评价（Newman，2001）。因此，那些将人类安全看作安全政策议程而批评其缺乏可操作性的诘难在前提上就是站不住脚的。

（四）针对修正定义的反批评

针对一些学者如 King & Murray、Kanti Bajpai 对于人类安全的修正意见，Roland Paris、Sarka Waisova、Bellamy & McDonald 等人提出了不同意见。

例如，Sarka Waisova 就指出了 King & Murray 的人类安全定义的两大弱点。首先，其定义与人类福祉和发展即经济现象密切相关，虽然这种联系使得这一概念便于实证检验，因为经济数据更容易获得，但这一定义却排除了人类安全的社会、文化及环境等方面的内容。其次，这种基于经济指标的人类安全概念将太接近（或真正地等同于）人类发展指数（Waisova，2003）。Bellamy & McDonald 也评论说，Thomas & Tow 对人类安全效用的评价对于正在进行的“安全是什么”及“应为谁提供安全”的讨论是一大重要的贡献。然而，由于两个主要原因，他们的方法是有问题的。首先，他们通过努力缩小安全指涉范围，达到了使这一理论适应国家政策制定者需要的目的，但却冒了“将各个地方的个人不安全根源具体化”的危险。其次，他们所提出的人类安全概念看起来与人类安全议程所固有的规范性关注对象有很大程度的不一致（Bellamy & McDonald，2002）。

此外，Roland Paris 认为，King & Murray 提出的只包含“必不可少”的五大关键福祉指标——贫困、健康、教育、政治自由及民主的人类安全定义（King & Murray，2002）及 Kanti Bajpai 提出的“人类安全审计”主张（Bajpai，2000），都面临着似乎是在人类安全研究中特有的问题。首先，他们认定某些价值比其他的更为重要，却没有给出这样做的清楚的理由。另一个问题就是，定义人类安全的核心价值可能是困难的，不仅因为对于人类安全的意义少有共识，还因为这一术语的含糊性有其特定目的：它整合了各式各样有时甚至是难以驾驭的国家与组织的联盟。因此，我们需要通过保持一定程度的含糊性，以使联盟的成员最小化其个体间的差异，从而尽可能地在其网络中容纳各式各样的成员和利益[①]（Paris，2001）。

---

① 例如，人类安全网络组织的公报对人类安全概念的描述就比加拿大政府和日本政府的相关阐述要含糊。

Claudia Fuentes Julio 则从另一个角度强调了这种含糊性的作用，他提出，对于人类安全的理解虽然含混，存在广义和狭义之别，但却能形成有益的互补。因为这种更为弹性和整体性的观点可以帮助人们认识到，世界不同地区所面对的人类安全威胁并不雷同，能用以评估这些威胁的资源也不一样。换言之，不那么严格的观点能使我们获得一种可以让我们同时分析联合国秘书长所说的免于恐惧之自由与免于匮乏之自由的全球视野（Julio，Claudia Fuentes，2003：3）。

基于这些理由，Paris 发出了这样的诘问：既然如此，那么学者又何必力图将人类安全改造为一个可供使用的分析工具？为何要坚持“将人类安全定义从那些愿意保持其宽泛性和含糊性的人手中掠走”这样一种堂吉诃德式的追求呢（Paris，2001）？

第五章 人类安全各维度研究

1994年的《人类发展报告》将人类安全大略地划分为七大类，即经济安全、粮食安全、健康安全、环境安全、人身安全、社群安全及政治安全。限于篇幅，这里仅选择国际社会论述较多的粮食安全、健康安全、环境安全加以介绍，并对学术界关注较多的“人类安全的女性视角”进行简要梳理。

一、粮食安全

粮食安全问题与人类文明相始终，它几乎涉及了1994年《人类发展报告》所列举的人类安全的所有维度：经济、社会关系、健康、社群发展、政治权力结构及环境，因而成为学术界关注的一个焦点问题，已有的研究成果可谓汗牛充栋。这里根据本书的主题，仅介绍学术界在粮食安全的界定、解决方案、经验研究，以及饥荒救济与预防等方面的研究成果。

（一）粮食安全的界定

1994年的《人类发展报告》将粮食安全定义为“所有人在所有时候拥有获得所需的基本粮食的物理和经济途径”（UNDP 1994. p. 27)，粮农组织则将粮食安全定义为“保证所有人在任何时候都能获得其积极和健康生活所需的充足、安全和富有营养的食物”（粮农组织，2004）（Abdullah，Keizrul Bin，2005）。这两种说法只是众多粮食安全定义中的一种。由于粮食安全受到了跨学科的关注并被不同的主体加以多角度的诠释，其含义众说纷纭。

根据 Hoddinott（1999：2）的说法，粮食安全是一个随时间的流逝而经历过相当程度的演变的概念，其定义多达 200 余种，衡量的指标也有 450 个左右。从某种意义上来说，其多样化与演变反映了可持续发展这一术语所附着的意义的增加与拓展（Redclift，1994）（Sage，Colin，2002：129）。

在 1974 年的世界粮食大会上，粮食安全首次作为一个政策概念出现，其定义反映了对供应维度的关注及当时不稳定的国际条件。在会议公报上粮食安全被定义为“在所有时候都有足够的基本食物的世界粮食供应……以维持食物消费的平稳拓展……并消解粮食产出与价格的波动”（Clay，1997：9）。在许多粮食政策领域内，一种新马尔萨斯主义的流行思潮随着 20 世纪 70 年代早期与中期的世界粮食危机而加剧。这些危机导致了 200 多万人死亡（Dyson，1996），刺激了人们对受影响区域的饥饿、饥荒、环境原因（干旱、洪水、土地退化）及应对策略的相互关系的细致分析（Sage，Colin，2002：129－130）。

20 世纪 80 年代初期 Amartya Sen 的著作《贫困与饥荒》（Sen，1981）的出版是流行的粮食安全观发生改变的转折点。在这一启迪性的著作中，Sen 证明了饥饿并不必然由食物可获得性的下降引起，而是反映了人们不能确保其食物获取渠道的状况。Sen 认为，这可以通过考察人们的权利关系加以解释，并提出了决定权利关系运作的严格的法律与市场框架。此后，Sen 又发展出了交换权利的概念，以包含非法律的、文化的及家庭内部的习俗制度（Dreze and Sen，1989）。

Sen 的意图——以对粮食不安全的实质与性能的关注取代对于粮食供应算术的全神贯注——与增长中的基于社群的、家庭层次的乡村研究相呼应。这一时期的重要研究主题包括对地方农业体系的力量及作为其支撑的环境与科技知识的分析、性别关系、家庭内部分工、家计策略活动等。这种思路此后还一直延续，例如 Islam & Malik（1996）就重提了家庭内部的食物消费的不均等问题，强调这也可能为国家的粮食安全带来影响。他们提出，虽然人们对于家庭内部的食物分配尚了解不多，然而家庭内部的食物分配往往对妇女和儿童不利，在南亚的农村地区尤其如此。由于主要是由妇女为家庭成员提供照顾，其在保证家庭粮食和营养安全方面扮演的角色相当重要。因此，提高妇女的粮食和营养安全对于确保家庭的粮食安全至关重要。

随着 20 世纪 80 年代非洲一系列危机的出现，研究者们试图去界定干旱（西非荒漠草原与南部非洲）、冲突（埃塞俄比亚、索马里、苏丹、莫桑比克）及经济崩溃所扮演的角色。尽管那个时期倾向于得出一种过于决定论的因果关系，现在人们已很好地认识到这些事件可以作为将业已紧绷的脆弱的地方社会推入严重灾难的触发器。因此，有必要区分短期性的与长期性的粮食不安全，以突出压力剧增时期的重要性，而不是仅仅聚焦于长期的结构性贫困、饥饿与营养不良（Clay，1997）。

正是在这种背景下，20 世纪 80 年代以来，人们对于运用生活与性别分析以理解“弱势个体与家庭是如何应对无论是长期的还是季节性的、定期的或不定期的环境、经济与政治的不确定性”的家庭层次的粮食安全的兴趣与日俱增。此外，由于认识到外在因素（如经济打击）对于地方粮食供给体系的影响，人们也注意到了理解个人、地方、地区、国家及国际层次的相互联系的重要性。这有效地表明，粮食安全分析可以应用于从全球到家庭层次的不同层面上，它们各自需要合适的政治手段以确保其实现（Sage，Colin，2002：131）。

前述 UNDP 及不少学者的粮食安全观点其实就深受权利方法的影响。UNDP 的定义特别强调了粮食的获取途径，认为粮食安全不仅意味着周遭有足够的食物，也需要人们能在实际上方便地得到这些食物，也就是说拥有获得食物的权利——或者自己生产，或者购买，或者通过公共的食品分配系统获得。因此，粮食的可供性只是安全的一个必要条件，而非充分条件。因为在粮食供应充足的情形下，人们也可能忍饥挨饿——正如在许多饥荒中发生的那样。故而，仅有足够的粮食供应还远远不足，因为我们经常遇到的问题是粮食的不良分配以及购买力的缺乏（UNDP 1994：27）。概括起来，其强调的要件有两点：可供性及获取途径。Islam & Malik（1996）承继了这一看法，认为“足够的粮食供应”（the availability of sufficient food）与“获取食物的经济途径”（economic access to food）是粮食安全的两个关键因素。并强调，将国家层次与家庭层次的粮食安全加以区分是相当重要的。因为尽管国家层次的粮食安全对于确保足够的持续的食品供应极为重要，但它只是测度家庭层次的粮食和营养安全的一个拙劣指针，它掩盖了相当突出的地区内和地区间的不均等问题。Tweeten（1997）对上述观点有所拓展，他提出了粮食安全的三大构成要件：“可供性”、“途径”及“利用”（availability, access and utilization）。换句话说，粮食安全意味着粮食供应有保障；个人和国家能实际获得这些粮食；一旦获得，他们能够通过健康的饮食获得营养福利。其中增加了粮食的健康食用问题。Clover（2003）通过对撒哈拉南部非洲的研究发现，丰富的粮食可以而且确实与饥荒相伴随，即使是遭遇了自然灾害也不例外，由此，他也提出了包括“可供性”、“途径”、“能偿付”（availability，access and affordability）在内的粮食安全的三大要件。但其观点与Tweeten略有不同，他将前者的“利用”换成了“能偿付”，以突出经济偿付能力在保证粮食安全中的至关重要性。此外，Uvin（1994）从另一个角度出发，认为粮食安全包含了有关“短缺、贫穷以及剥夺”（shortage，poverty and deprivation）的讨论。Scanlan（2001）也从对欠发达国家（LDCs）的实证研究中发现，粮食不安全并不是粮食供应短缺的结果，而是因“贫穷、不平等以及已有粮食盈余的不良分配”使得人们不能从其“食物权利”中获益的后果。

从20世纪70—80年代，粮食安全关注的是基本食物，主要是高能量的主食如谷类食品及块茎食品，以解决蛋白质热能缺乏性营养不良的问题。然而，到20世纪80年代后期，健康与营养研究开始对食物摄入与营养水平之间的关系做了实质性的重新界定，认为后者并不能简单地根据卡路里的消费做出判断。对于人类利用摄入食物的生理能力的进一步理解揭示了疾病尤其是损害机体吸收微量营养素与热能的能力的肠胃感染所扮演的关键角色（DeRose and Millman，1998：8）。早先的关于“卡路里的增长就应当有效地转化为更好的营养”的观点被人们对于微量营养素的重要性的日益增多的认识进一步削弱了。特别是铁、碘及维生素A的缺乏，被认为不仅波及大多数人，而且具有严重的后果。例如，铁缺乏影响了全世界的20亿人（The Economist，1996），会导致体能不足与注意力难以集中。碘缺乏被认为与6亿5500万例甲状腺囊肿及600万例呆小症有关。同时，维生素A缺乏症在1994年时估计涉及2亿3100万名儿童，是儿童失明的一个主要诱因，并导致易于感染呼吸道及腹泻疾病（DeRose and Millman，1998）。

考虑到这些发展，“粮食安全”这一术语遭受了实质性的重构以便创造一个单一的、普世的、为国际政策制定者所深爱的那种类型的定义就不足为奇了。此后的一段时期，人们对传统的粮食安全定义所强调的内容提出了批评，认为它们关注的是热量消费，而很少关注蛋白质与微营养素的消费（Maxwell & Frankenberger，1992）。有学者因此提出了“营养安全”（nutrition security）的概念加以补充（Islam & Malik，1996）。营养安全所关注的是人体“利用食物以实现满意的肢体和认知活动”的能力。如图5－1所示，食物的质量，蛋白质、卡路里、微营养素的正确组合与其他如安全饮用水、最低收入保障、营养干预、教育、人口稳定之类的健康与人类发展的关键组成部分同样重要（Swaminathan，1986）。

此外，食物偏好的社会性与文化性影响也已使得粮食安全的看法更加有赖于具体的情境并因而日趋复杂。因此，1996年的世界粮食高峰会议行动纲领采用了一个相适应的扩展性的定义：当所有人在所有时候都能获得充足的、安全的、有营养的，能满足其饮食需要和食物偏好以营建积极健康生活的食物的物理与经济渠道时，就

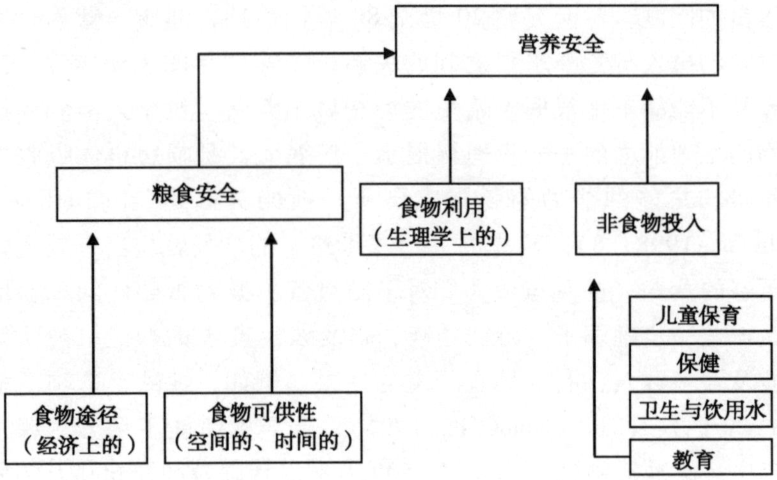

图 5-1 食物与营养安全

资料来源：Islam & Malik，1996：253。

在个体、家庭、国家、地区及全球层次上实现了粮食安全（FAO，1997）。

与此类似，Colin Sage 也强调了食物的文化性及营养成分，因而将粮食安全定义为“在一整年及每年都能获得足够的在文化上及营养上都合适的食物”（Page & Redclift，2002：15）。

在这种对定义进行精练与具体化的过程中，粮食安全已被视为更为广泛的对人类福祉与社会保障的关注的一个组成部分——而非局限于世界上最贫穷的国度。事实上，人们也越来越认识到，粮食不安全也会影响科技发达、长期实行福利国家制度的工业社会，强调无论何处的饥饿都是不平等、贫困及权利失败的函数（Riches，1997；Kohler et al.，1997）。然而，在关注发达的福利国家的食物贫困及关注发展中国家的粮食安全的政策分析家及社群活动家之间，认识上的交流与碰撞却少得令人惊奇。前一阵营明显地持有更具政治参与性及强调赋能的观点。例如，试看设在美国的社群粮食安全联盟提出的定义就可管窥全豹：粮食安全可以被定义为在所有时候都能通过当地的非紧急资源获得营养充分、文化认可的饮食的一种状态。粮食安全拓展了传统的饥饿概念，涵盖了社群内部的饥饿与营养不良的引发因素的系统观点，并提出了为预防这些引发因素而必须做出的变化。粮食安全项目应对的是饥饿与贫困（Community Food Seurity Coalition，2000）。

这一更具赋能导向的定义表明粮食安全与社会正义、健康、营养及地方发展直接相关。例如，粮食政策分析家已经强调了低收入城市社群所面临的在获取新鲜的、卫生的食物方面能动性受限制的困难（Sage，Colin，2002：132）。在遭遇超市重新安置到城镇边缘地带的政策时，"食物荒漠"这一术语被用来描述被剥夺了合适的食物零售点的受社会排斥的城市区域（Lang and Caraher，1998；Furey et al.，1999）。这与低收入人群面对的其他障碍一道阻碍了他们获得健康卫生的食物（Caraher et al.，1998）。

对于"食物贫困构成人类不安全及社会不公这一广义框架的一环"的认识，是对优先考虑事项的更具综合性的重构的一部分。根据 Clay 的说法，这反映了从现代主义的议程及其对增长与发展的集中关注，到更为宽广的对风险、不安全及不确定性的政策关注的范式变迁（Clay，1997）。在公共政策讨论中，粮食安全在继续演进，以至于人们提出，享有足够食物的权利应在国际法中被清楚地界定为一种人权（Kent，2000）。

（二）粮食安全的解决方案

究竟应该如何解决粮食安全问题，国际社会也提出了各自的看法。

1994 年的《人类发展报告》强调了解决经济收入的重要性，因为粮食的获得来自对"资产、工作和一份有保障的收入"的获取，因而，除非我们能从源头出发解决资产、工作和收入安全的问题，否则那些舍本逐末的国家干预将成效甚微（UNDP 1994：27）。Islam & Malik（1996）对这一观点做出了补充，认为收入的增加与贫困的消减固然重要，但一些国家的经验表明，即便没有收入的快速增长，营养不良也可以通过明确的计划与政策消减。如泰国通过一项全国性的旨在消除贫困并改善营养的计划，使得体重不足儿童所占百分比在短短的 8 年间从 36% 下降到了 13% （Garcia，1994）。这些计划与政策旨在改善家庭获得粮食与医疗服务的途径、改进儿童的抚育实践，如对于婴儿的母乳喂养及恰当的断奶等（Islam & Malik，1996：262）。他们因此提出，必须从不同的战线开展与粮食威胁的斗争。在公共政策方面，应通过宏观经济政策及产业政策的改革确保国家的粮食供应，为家庭层次的收入增加创造机会。最重要的是，粮食安全政策必须与那些提供基本保健、公共卫生、受教育途径等的公共政策密切相联系。

一些学者针对发生在具体地区尤其是非洲的粮食安全问题为例，提出了有针对性的应对策略。例如，Clover（2003）在从自然灾害、冲突、结构性贫困、艾滋病、经济危机、政治因素、应对能力、全球化及 WTO 的影响等方面分析了撒哈拉沙漠南部非洲国家的粮食危机问题之后提出，应对非洲的粮食危机，必须将粮食援助与新的农业方法结合起来，同时预防和治疗艾滋病。此外，WTO 需要立即进行重构以接纳更穷的国家积极参与其中，并对其提供更多的帮助；应更深入地认识到要优先发展非洲的农业，这包括分配更多的国家预算用于农业；应保护农业的多样性，解决信贷及农业生产资料的获取问题；建立监控艾滋病感染和饥荒的早期预警和分析系统；发展新的农业技术等。Clover 还提出，要使“近期的粮食援助”和“长期的战略性的考虑”达到平衡，需要一种综合考虑政治的、经济的、社会的以及环境的因素的多视角的方法。然而，至为关键的还是解决问题的政治意愿。正如世界粮食计划署执行长官 James Morris 在联合国安理会的一次演讲中所指出的那样，“追根究底，饥饿是一种政治产物，我们必须运用政治手段去消除它”。与此相对应，Scanlan（2001）提出，人们对于粮食安全的研究必须加以拓展，从主要对“人口以及全球市场的控制”的讨论转向关注那些通过探讨阶层和权力等问题而使得这一议题更为社会学化的（sociological）社会、政治以及制度方面的因素。此外，Colin Sage（2002）以巴基斯坦及中美洲最近的粮食安全干预为例，讨论了其局限性，认为要想使这些干预获得成效，就必须充分考虑到对于粮食安全的地方性理解与信仰，以及技术、生产及其他社会、经济变量的地方性经验。

（三）饥荒学说的类型与分歧

饥荒是最为严重的一种粮食安全问题，学术界对于如何预防与应对饥荒问题已有过多方面的探讨。相关的研究主要集中在饥荒的含义、饥荒的成因、饥荒的后果、饥荒的救济与预防、饥荒的个案分析等方面。本书仅选取与粮食安全关系最为密切的饥荒学说、饥荒救济方法与饥荒预防策略等内容做一系统的述评。

依照 Martin Ravallion 的观点，如果将饥荒界定为通常危及生命的广泛的饥饿，那么在20世纪，这个世界上的大多数地区都遭受过饥荒（Ravallion，1997：1205－1206）。然而，这种饥荒并不仅限于20世纪，它实质上与人类的文明发展史形影不离。对于这种世界饥荒史的系统研究，以 Cornelius Walford 为最早，也最为完备。他于1878年制作了世界历史饥荒年表，比较详明地列举了世界历史上发生过的有记载的饥荒，并在有据可依的前提下简要叙述了导致饥荒的原因（Walford，1878：433）。1917年7月的《国家地理》杂志也以22页的篇幅记述了早期的饥荒记录，集中关注了饥荒造成的破坏，分析了意大利政府保护罗马免于饥荒的努力以及造成印度饥荒的原因（National Geographic，1917）。此后的1941年，在“二战”的阴云下，Karl Brandt 撰文分析了当时欧洲各国面临的饥荒威胁，论述了如何应对饥荒等诸多问题（Brandt，1941：806）。

大约自20世纪70年代中后期开始，人们开始重点关注世界上发生的一些大型饥荒尤其是非洲饥荒的发生缘由，从此拉开了饥荒根源之辩的大幕，涌现出了一大批研究成果。本书即旨在对国际学术界在饥荒成因分析方面的各种观点进行初步的梳理、归纳与分析。首先，将各种饥荒学说分为 FAD 理论、权利学说、政治行为说、制度因素说、自然规律说、人口机制说、外部力量说、特殊原因说、复合因素说九种类型进行分门别类的引介，然后对其加以比较分析，探讨各种饥荒学说的分歧所在及分歧背后的根源。

1. 饥荒学说概览

正如 Martin Ravallion 所说的那样，饥荒已跨越了地理的边界，并不能给予简单的解释。无论是在社会主义经济制度还是资本主义经济制度之下它都存在，无论食物供应量下降与否它都会发生，无论有否战争或不寻常的政治及社会动荡它都会出现（Ravallion, 1997：1236）。基于这种复杂性，各个时期的不同学者往往依据自身的体验与思考，提出了纷繁复杂的见解。

对于饥荒发生原因的分析，可以追溯到 Adam Smith（1776）和 Thomas Malthus（1798）的工作。Smith 认为保护人们免于饥荒的是“看不见的手”，只有当政府的干预束缚住了这些手才会导致失灵。Malthus 更为关注通过测量食物供应和人口增长来设计一种总体警报系统，以预见迫在眉睫的饥荒。他认为只要粮食产出的增长与人口的增长一样快或超过后者，饥荒就不会真正发生（Locke & Ahmadi-Esfahani, 1993：364）。大约自 20 世纪 70 年代后期开始，以 Sen 等为代表的经济学家引发了对于饥荒原因的大讨论，学者们各自引经据典，提出了种类繁多的饥荒学说。

依据学者们的一般归纳，人们将饥荒学说分为两大类型，即 FAD 理论与权利学说。FAD 理论是传统的饥荒学说，指的是“食物供应量下降”（food availability decline），这一理论着重于从供给方面找出原因。权利学说则由 Amartya Sen 首倡，它强调的是食物获取权（entitlement）的丧失，认为某些地区在人均粮食不变的情况下，饥荒也可能发生，从而为饥荒成因的研究开辟了一块新的天地，指出了由非不可抗因素导致饥荒发生的可能性。

然而，也有人将以上两种类型的解释归为同一种维度。在分析人们对于非洲饥荒为何持续不绝的种种观点时，Stephen Devereux（2000）将其归纳为两种不同维度的解释：第一种观点认为饥荒是一种自然灾难或经济危机，它导致食品的短缺，并由于政策、早期预警、市场或救济干预的失灵未能对其加以有效应对；第二种观点视饥荒为一种政治病态，这种政治病态应当从“地方权力争夺、国家对遭受痛苦的人群的压制——饥荒是一种政策成功而非政策失败——以及国际社会对于加强获得食物的基本人权的愤世嫉俗的拒绝”等方面来分析。Devereux 认为第一种观点即大致涵盖了上文提及的两大饥荒学说。

尽管存在上述不同看法，但学术界还是倾向于将饥荒学说分为 FAD 理论与权利学说两大类型。此外的一些观点如政治行为说、制度因素说、特殊原因说、复合因素说、外部力量说、自然规律说、人口机制说等则分别对这两大主流学说做出了各有侧重的修正、补充、综合或着重于某一方面进行阐发。为方便起见，这里不避交叉，将其中可以归为这两大类型之亚类型的观点也并列讲述。

(1) FAD 理论。

FAD 理论这一饥荒分析的传统观点可以追溯到亚当·斯密和马尔萨斯的著作，这一观点认为，饥荒主要是由食物供应量的突然下降造成的（如 Campbell，1979)。FAD 理论从粮食产出统计中寻找食物供应量急剧下降的证据，并将其视为饥荒的唯一动因。一个显著的例子是粮农组织（FAO)，它以资源平衡体系为基础，通过粮食与农作物产出及供应量的统计数字来预警食物的短缺（Cutler，1984)。这种以供应为基础的观点在 Sen 的影响深远的研究成果发表之前一直是一个为人们所接受的饥荒解释思路。

例如，J. B. A. （1914） 在分析 1914 年的日本饥荒时，就从 FAD 的视角提出，这一涉及近 1/10 日本人口的饥荒的发生是日本东北部和北部的 Tohoku 与 Hokkaido 地区渔业歉收和前一年水稻几乎颗粒无收导致的结果。W. M. Curtiss 在 1946 年发表的一篇论文中也认为，世界粮食问题的最终的答案主要取决于人均产出或实际收入（Curtiss，1946)。Janet Raloff（1985）则将过度耕种和过度放牧等引起的食物供给减少视为非洲大陆饥荒的引发因素。Razzaque et al. （1990） 亦将孟加拉 1974 年大饥荒归咎于当年发生的毁坏了超过 2/3 的水稻作物的严重雨季洪水。Brett L. Walker 对 18 世纪发生在日本八户的饥荒做出研究后，也提出其根源在于粮食供给的减少（Walker，2001)。

正是出于同样的前提假设，Bake（2000）将饥荒的原因概括为天灾和人为两大类，且侧重前者。根据 Bake 的观点，历史上的饥荒主要发生在世界上的三类地区：半干旱地区、凉爽而潮湿的地区、充斥冲突的地区；饥荒的主要原因是变动无常的天气，包括地震、飓风、台风、火山爆发及其他自然灾变，此外，适宜的可耕土地的缺乏、植物病虫害也是引起饥荒的原因。另有一些学者在不否定饥荒的权利理论的同时，强调了 FAD 理论在解释一些具体饥荒时的不可或缺甚至是至关重要的地位。例如，Mark Tauger（2003）就曾以对 1943 年的孟加拉饥荒的分析为基础，提出了以前被忽视的数据，表明发生在 1942 年的严重自然灾害导致了孟加拉严重的食品短缺，并是造成饥荒的最重要原因。

（2）权利学说。

a. 缘起与主要观点。

虽然以粮食供应总量的减少来解释饥荒既简单也能说服大多数人，但饥荒也在不断地向人们提出了关于经济与政治制度的表现的深层问题。这些制度是帮助了人们免于饥饿，还是将事情弄得更糟？经济学家们不时地在试图回答这些问题并影响应对饥荒的公共政策。

例如，Adam Smith、Thomas Malthus、John Stuart Mill 等人的著作曾在 19 世纪大英帝国的许多饥荒期间被用来支持一种粮食市场的自由放任主义政策。大约从 1980 年开始，关于饥荒的一种新型的著作开始脱颖而出，重新审视 19 世纪关于饥荒的经典争论，如政府对市场的适度干预的范围和性质等（Ravallion，1997：1206）。根据这类新型论著的观点，Smith 以及 Malthus 等人提出的饥荒理论都具有无法克服的弱点。Smith 的观点突出强调了市场以及人在饥荒中扮演的角色作用。然而，由 Smith 发展的放任主义思想忽视了饥荒中发生的市场失灵的关键一面。根据 Salim Rashid 的观点，这种失灵是粮食市场中的不完全信息造成的（Rashid，1980）。Smith 也没有考虑到投机的问题，即生产者囤积他们对于市场的粮食供应。在饥荒中，这一问题会产生与垄断一模一样的效果（即高价格与被控制的供应），而根据 Smith 的自由市场假设，这种垄断是可以避免的。

然而，市场的作用不是养活民众，它只会养活那些具有足够购买力的人（Locke & Ahmadi-Esfahani，1993：364）。

正如 Cutler、Rempel 等人指出的那样，FAD 理论的局限性在于忽视了饥荒中饥饿的关键特征，即它是一种民众和食物之间的关系，而非国家和食物之间的关系。即便运用更为精确的资源平衡方法，这种“人的因素”仍不容忽视，因为不管在宏观或国家层次上拥有多少粮食，更为重要的还是在微观的或家庭层次上对这些粮食的处理（Cutler，1984；Rempel，1985）。一些“大饥荒”——如发生在 Bengal（1943）、Wollo（1973）、Bangladesh（1974）的饥荒，实际上发生在粮食供应总量没有下降，甚至常常是在增长的时期（Sen，1981a：163）。

针对 FAD 理论的上述缺陷，Amartya Sen（1977，1981a，b）提出了一个更具综合性的权利理论。权利理论基于三大基本概念，即禀赋集合（Endowment Set）、权利集合（Entitlement Set）、权利映射（Entitlement Mapping）。根据 Sen 的观点，饥荒不是由粮食匮乏而是由权利失败造成的。当一个人的权利集合不能在慈善帮助等非权利性转让缺乏的情况下，提供使其免于饥饿的足够食物时，就遭受了食物权利的失败。这样饥荒就发生了。由于权利集合是通过禀赋集合的权利映射得出的，权利失败进而是饥荒只能通过禀赋或权利映射或者是两者的不利变化而产生。因此，存在两种类型的饥荒——一种由禀赋的变化引起，另一种源于权利映射的变化。另外，由于权利映射由三种不同类型的关系“生产、交换与转让”构成，也可以据此从发生原因的角度区分四种类型的饥荒：禀赋丧失、生产失败、交换失败、转让失败。

Sen 的理论得到了很多知名学者的认同，产生了十分广泛的社会影响。例如，Martin Ravallion 就认为，饥荒纵然难以预测，仍具有一些共同的元素，权利失败就是其中之一（Ravallion，1997：1237）。中国学者姚洋也提出，饥荒更可能是由于个人可以用以获得食品的权利分配不均造成的（姚洋，1999）。范子英、孟令杰（2006）在对比了权利学说与 FAD 理论之后，认为两者都对饥荒的发生具有解释能力，但只有前者对饥荒分布具有解释力。Jeffrey Sachs 则将 Sen 根据权利学说提出的民主有助于解决饥荒的理念概括为“森氏定理”（Sen’s Law）加以宣扬与推广（Sachs，1998）。

b. 批评与争鸣。

然而，当权利理论被许多饥荒分析家接受之时，FAD 理论的支持者却对之提出了批评。Sen 的权利理论同时考虑到了个人的交换能力和分配的效果，这样就避免了自由市场主义和马尔萨斯学说的一些缺陷。但是，在 Locke & Ahmadi-Esfahani（1993）看来，权利理论也具有几方面的局限性。第一个局限是准确界定权利集合的问题。第二个局限是它未能将非法交易如走私或掠夺的可能性考虑在内，因为它主要关注的是合法市场。第三个局限是它假定了人们会消费掉他们有权利获得的所有食物。然而，广泛的证据表明存在实际消费远小于这一数量的现象，甚至在严重短缺的情况下也有发生。

与 Sen 所做的从总体层次考察食物供应量相左，反对者强调了地方性的供应状况的重要性。他们认为，由于“自然灾害所致的作物歉收”往往会导致因“供应短缺、投机行为、为应对不确定性而增长的需求、变卖财产以换取粮食”等所致的高企的粮食价格。最终，穷人及那些受到坏天气的不良影响的人就因为购买力下降而成为饥荒的受害者。由于作物的歉收是这一系列结果的肇始者，FAD 理论的支持者们争论说理解饥荒的最好方式就是去看看食物供应量方面发生了什么。Lin & Yang（2000）进而顺着这一思路提出，虽然 Sen 已经详尽地论证了饥荒可能在人均粮食供应没有下降的情况下发生，但他所衡量的供应量是从国家或高度集聚的地区层次进行界定的，这就难以直接地驳倒那些强调地区状况的 FAD 理论支持者提出来的主张。

Erhun Kula（1988）则评论说，Sen 在其论著中提及的大多数饥荒的真正原因，是那些“次要的”因素之一如战争及其复杂的政治影响了供应体系并同时造成了权利的下降。他因而得出结论，与流行的观点相反，权利问题远非当代饥荒的主要线索，权利的下降也并非 Sen 的论著中提及的多数饥荒的原始根源。此外，1959 - 1961 年的中国饥荒与权利方法的解释发生了直接的矛盾，因为它广泛地发生在收入远高于农村的城市。

其他的许多研究者也从各种不同的角度看待权利理论，并提出了许多批评。

一些学者包括 Alamgir（1980）、Bowbrick（1986）及 Goswami（1990）质疑 Sen 提出的一些主要的饥荒如 1943 年的孟加拉饥荒及 1970 年的非洲饥荒不是起源于食物供应量下降的观点。在与 Sen 进行的一次广泛讨论中，Bowbrick 声称驳倒了 Sen 对孟加拉大饥荒的诊断。按照他的看法，如果不考虑食物供应总量，就不能探讨饥荒问题。在第一级的食物短缺状况下，大规模的饥饿可以通过适当的再分配加以避免，但在面临第二级及第三级的短缺时，再分配就不能解决饥饿的问题了。在一个勉强维持生存的经济体中，即便是遭遇第一级的短缺也可能发生饥荒，因为再分配有着实际上的约束。Bowbrick 还辩称，Sen 的权利理论由于专一地聚焦于分配并忽视总量的短缺，而没能引进食物输入值。Devereux（1988）引用 1972 - 1974 年发生在埃塞俄比亚 Wollo 省的饥荒为例来批评权利理论。他辩称这一饥荒既有 FAD 的成分，也有 FED（Food Entitlement Decline，食物权利下降）的成分。他说饥荒受害者中的富者受 FAD 的影响，而穷者则受 FED 的冲击。Kula（1988 & 1989）则将权利等同于货币收入而将权利理论误解为一种特定的假说，并援引中国 1959 - 1961 年的饥荒为例，提出那些相对于农村人口而言拥有更高收入的城市人口在面临食物短缺时遭受了更惨重的损害。

De Wall（1990）则引用非洲苏丹的饥荒来批评权利理论。他提出，苏丹人民选择短期的挨饿，虽然这种饥饿可以通过变卖资产换取粮食加以最小化，但这些饥肠辘辘者甚至是以暂时的莫大困苦为代价小心保存着他们的生产性资产。他还给出了另一种解释，认为对食物的控制并不能解释饥荒期间发生的许多事情。他着重强调了与战争有关的社会分裂对发病率与死亡率的影响。在他看来，权利学说在解释饥荒期间的大规模移民、不卫生的生活条件及疾病暴发等与战争相伴随的关联因素方面仍是一种不适合的理论。

同样以苏丹为个案，Locke & Ahmadi-Esfahani（1993）却通过检验关于饥荒的两种理论——食物供应量下降（FAD）和权利假说表达了与 De Wall 不同的意见，得出了“权利方法要比至今仍在饥荒分析当中占据主导地位的 FAD 方法更好”的结论。其根据是，苏丹的数据证明了低水平的或下降中的食物总供应不一定意味着饥荒，与此相对，高水平的或增长中的食物供应不一定喻示着饥荒不会发生。此外，饥荒对于同一地区的不同人群的影响是不一样的，因此，我们必须聚焦于不同人群的权利的变化，并设计适合于不同人群各自的应对办法。这表明，食物权利的数据能够揭示饥荒的存在，而无论其原因为何，但是食物供应的数据只能在某些时候做到这一点。此外，权利方法考察了引起饥荒的所有原因，从而比 FAD 方法更可能发展出有成本效益的（cost-effective）公共政策，后者倾向于指示人们应对表象，并常常未能认识到将救助聚焦于特定目标人群的需要。另外，Rangaswami（1985）、Pattanaik（1991）等都从不同侧面对权利学说提出了质疑。

更有学者对权利学说做了完全否定的批评，认为 Sen 在其概念中没有加入任何新的东西，并不遗余力地试图通过将其旧思想饰以新衣来掩盖贫困与饥饿背后的丑陋真相。Sen 的概念，例如，禀赋集合，与财富及收入的分配的含义非常接近。这一类型的观点是一种拙劣的简化论观点，因而不必认真对待（Mitra，1982）。

尽管存在对于权利学说的种种批评与不满，但它的学术价值一直得到国际社会的广泛认同，因为它确实为我们开启了一扇从另外的视角来透视饥荒的大门，因而此后有众多的学者秉承了权利学说反对仅从食物供应量下降的角度解释饥荒的批判精神，分别从政治行为、制度安排等方面对饥荒的根源进行了探讨。

（3）政治行为说。

此类观点承继权利学说的思维脉络，认为因自然因素导致粮食供应的缺乏固然是饥荒的诱发因素，但对于有主观能动性的人而言，只要行为得当，懂得及时应对，饥荒并非不可预防。因此，自然灾难会否发展为饥荒将取决于人类自身的行为，并常常带有浓厚的政治色彩。

例如，Alexander King 曾以《饥荒是人为的吗》为题，撰文提出了“自然事件的社会政治因素”是饥荒的触发者的观点，认为由干旱和其他的灾难发展而成的饥荒是人类行为不当的结果，是可以预防的（King，1993）。Von Braun et al.（1998）则将饥荒与冲突及黩武主义这些政治行为联系起来，并以经济代价的形式加以探讨，认为武力争夺是“国家资源的一种损耗，产出与就业机会付之东流”（p. 10）、“武器进口代表着外汇储备的一种严重消耗，并与促进增长的那些进口发生竞争”（p. 22）。Mika Lavaque-Manty（2001）也将在当今时代中遭受饥饿煎熬的原因归结为人为因素。他提出，在当今世界，我们生活在大卫·休谟所称的“在多数情况下饥饿并非自然的必需品”的正义环境（circumstances of justice）之下，给定当今全球可资生产与分配的资源，食品的短缺是相对的：所有人都能吃饱。这正如 Drèze & Sen（1989）指出的那样：“过去几个世纪里发生的生产能力的巨大发展使得人类——或许是第一次——有可能保证为所有人提供足够的食物，正是在这种背景之下，长期饥饿的持续与严重饥荒的重复发生必须被视为道德上不可容忍及政治上不可接受的。如果政治是‘实现可能性的艺术’（the art of possible），那么，战胜世界饥饿就成了一个史无前例的政治议题”。基于这样的理由，Lavaque-Manty 提出了当今饥荒的人为论，认为当其他人能够获得食物，而有些人却因为社会设置的原因不能获得是不公正的。

出于同样的考虑，众多学者从政治行为着手，对发生在爱尔兰、非洲、苏联、中国、印度、朝鲜等地的饥荒进行了根源的分析。

对于20世纪40年代的爱尔兰大饥荒，多数学者强调的是人为因素而非自然因素。例如，有人认为英帝国应为1845–1851年饥荒期间发生的饥饿和苦难负责，因为其运用武力和甜言蜜语从土著爱尔兰人手中获取土地并将农场所有者变为了“佃农”（Economist，1995）。尽管马铃薯枯萎病是在一个特殊的脆弱期打击爱尔兰的生态灾难，但将这一枯萎病转变为饥荒的是英联邦政府以及地主和商人在应对这一挑战和采取有效行动方面的失败（Kinealy，1996）。在饥荒期间，英国政府也未能帮助遭受饥荒的爱尔兰，当地的地主对穷人也施以苛刻的待遇（Newsinger，1996），这使得饥荒旷日持久并造成了十分严重的后果。成千上万的人死去，不过，死于真正的饥饿的相对较少。多数是被回归热、斑疹伤寒症、痢疾及霍乱击倒的——他们在这些疾病面前的抵抗力被“饥饿、庇护所的不足、济贫院的过度拥挤和救济项目中的艰苦劳作”削弱了（Kinealy，1996）。

对于非洲大陆的饥荒，A. Gibbons（1991）援引一份调查报告说，非洲饥荒的原因往往是社会的及政治的因素而非自然因素，以埃塞俄比亚和苏丹为例，就是因为其政策未能为穷人提供支持。Stephen Devereux（2000）基于对技术统治论的分析的批判，也提出非洲的饥荒已经从只是少量地或偶尔地牵涉政治逐步地演化为与政治有着永恒而紧密的关联，饥荒或是战争的工具，或是战争的副产品。David Masci（2002b）也对非洲饥荒中的政治因素加以重点关注，并通过探讨治理不善与饥荒的关联以及土地征用对农业的影响，得出了津巴布韦将饥荒作为政治工具加以运用的结论。David Keen（1994）则通过对苏丹的个案研究，揭示了饥荒的受益者出于维护既得利益的目的而操纵政策以及压迫市场，从而使得饥荒加重与延长的现象，并提出了“受迫市场”（forced markets）的观点，强调了受益者所扮演的角色及暴力对于市场力量的重要性的影响。

对于苏联饥荒的多数研究，也普遍将分别发生在1921－1922年、1932－1933年及1947年的三次大饥荒归入人为的灾难。例如，David Arnold、Hakan Kirimli都将1921－1922年苏联饥荒的主要原因归结为政治因素。Arnold提出，政治，而非气候或环境，是1921年伏尔加日耳曼人大饥荒的主导因素（Arnold，1988：29）。Kirimli则认为“新的布尔什维克秩序实质上是造成这一局面的主要原因之一，而非减轻其影响的一个因素”（Kirimli，Hakan，2003：37）。对于发生在苏联乌克兰的1932－1933年大饥荒，尽管人们也提出其天然的旱灾因素，但强调的仍是人为因素所起的决定性作用。Mark B. Tauger（1991）重点将这次大饥荒作为一种人为造成的灾难进行描述，从斯大林主义的领导阶层在这次人为饥荒中扮演的角色、政府强加给乌克兰及其他民族聚居地的严苛的征购定额、对于民族主义的压制和对反对派的清除等因素进行了考察。胡昊（1994）在承认原因的多元性及旱灾因素的前提下，也认为该饥荒更是其集体化政策、掠夺式征购粮食办法及领导当局不重视等人为因素造成的。吕卉（2009）则将其归咎于联共（布）中央的超负荷粮食收购行为。更有一些学者提出这次饥荒是一种有计划的种族屠杀，Yaroslav Bilinsky（1999）通过细致的研究，得出结论，大多数的证据表明它确实如此。至于1947年的饥荒，Michael Ellman（2000）也从国家粮食征购行为方面进行了分析。

Michelle B. McAlpin（1983）对1860－1920年发生在印度西部的粮食危机的研究亦表明，税收需求、农业的商业化以及粮食的出口不是造成饥荒的根源，她也不相信当时存在农业生产力的下降，因而她对英联邦政府在印度饥荒中扮演的角色十分注意，提醒人们至少要注意“饥荒是一种何种程度的政策武器”的争论。对于中国的大跃进饥荒，杨大利等也认为其原因必须从政治上寻找，并根据对公共食堂参与和相对饥荒严重程度的研究，提出了“大跃进饥荒不仅事关高层领导者，也与共产党执政以来中国政治体系中一些根本结构因素有关”的观点。那些下级官僚为了突出表现自己，往往过火地推行中央的政策，而那些共产党员数量相对较少——以及较晚被共产党统治——的省份采取了更多的极端措施，因而在饥荒中遭受的损失更为惨重（Yang & Su，1998）。至于近些年来发生在朝鲜的饥荒，Marcus Noland（2004）在分析时也更多的强调人为因素的角色作用，认为除了是最近的误入歧途的政策的产物以外，更多地是两代的经济管理不善与社会机制的日积月累的结果。

（4）制度因素说。

制度因素说的理念仍源于权利学说，只是着重从制度因素这一侧面来加以分析。

例如，Martin Ravallion（1997）认为饥荒是由于经济体系在重压之下的“非周期性的严重市场失灵和制度失灵”引起的。此外，Terrence McDonough（1998）、Bookstein & Lawson（2002）等人的个案研究也得出了相似的结论，认为政策制度方面的因素扮演着十分关键的角色。McDonough 从马克思主义历史传统的视角回顾了 19 世纪中期爱尔兰大饥荒的原因，认为在饥荒岁月里，爱尔兰生产有足够的食物以养活所有人口，但在资本主义与封建主义的生产模式相联结催生的动态发展当中衍生的土地细分与高额租金等制度因素导致了饥荒。而 Bookstein & Lawson 在对导致南部非洲饥荒的因素进行深入探讨以后也提出，这些国家的持续的贫困以及对于生产投入信贷的过分依赖是其容易遭受饥荒的重要原因，而它们又是与农业政策的长期的失败密切相关的。

对于发生在中国的大跃进饥荒，Chang & Wen 也从制度方面给出了解释。认为众多学者提出的坏天气、播种面积的减少、政府的高粮食征购、强制的集体化、从农业向重工业转移分配资源、管理不善、激励机制的崩溃、独立新闻媒体的缺乏与民主制度的缺乏、农民退出集体公社的权利的突然剥夺等一系列诱发因素都未能解释为何在大丰收后不久就开始闹饥荒，他们因而通过几个步骤论证了公共食堂制度是造成饥荒的主要原因，即公共食堂制度是首先引发继而加剧这一饥荒的关键因素（Chang & Wen，1997）。在随后的一篇文章里，Chang & Wen 进一步论证说，这一饥荒是消费的无效率造成的，是饥荒期间公共食堂体系的免费食物供应的结果。公共食堂政策使得人们失去了他们最基本的财产权利——消费他们自己的粮食的能力。而一旦财产权没有被很好地界定，无效率就应运而生，这种粮食消费的无效率使得本已很少的食物供给量更加捉襟见肘，饥荒也就随之发生（Chang & Wen，1998）。范子英、孟令杰（2007）采用面板数据双向固定效应方法对中国 1959 - 1961 年饥荒发生时农村地区死亡率差异的分析，也表明制度性因素是解释饥荒程度的关键原因。辛逸、葛玲（2008）也提出，除了自然灾害和“左”倾错误之外，这次饥荒在某种程度上可视为“制度性”的农村饥荒。

(5) 自然规律说。

饥荒的自然规律说强调了饥荒不可避免的一面。这种说法中外皆有。Cornelius Walford 早在 1878 年就曾撰文提到，在世界上好些地方，有一种被认为是气象学式的饥荒解答，这就是“太阳黑子”理论（“sun-spot” theory），认为“太阳黑子”的活动影响气候，气候的变化导致歉收，从而引发饥荒（Walford，1878：518 - 519）。

在中国，姑且不论古代的历史循环观对饥荒等天灾人祸的解释，就是在现代的学术界，也不乏这样的观点。例如，袁林（1996）就曾采用等级式量化方法，以年为时间单位，以饥荒区域大小为基本依据，将上古至民国时期甘宁青地区饥荒史料转化为量化数据，然后运用统计学方法对之进行了频次分析、阶段分析和周期分析，提出了甘宁青地区历史饥荒的一些统计规律。即甘宁青地区饥荒发生有一定的阶段性，在经过一个饥荒低发阶段后，会进入饥荒高发阶段，这时严重饥荒频繁发生，而后又转入低发阶段，二者循环交替。归结起来，大致有以下几个比较明显的周期：准 3 年周期、准 5 年周期、7 - 8 年周期、27 年周期、136 年周期。该文的作者袁林在 2002 年发表的一篇文章中又对陕西历史饥荒的统计规律做了研究（袁林，2002），认为其发生频率具有频繁性、严重性、局部性、增长性，并有着准 3 年、7 年、15 年、22 年的发生周期，具有明显的阶段性，大约每 100 年有 4 个高发阶段，这些特征与旱灾等自然灾害有着一定的关系。

(6) 人口机制说。

这种论点以马尔萨斯为代表。依照他的观点，饥荒为人类社会提供了一种必要的限制机制，通过这种机制可以节制人口的过度增长，因而从这种意义上来讲，饥荒是衡量“人类最终能够维持人口与资源之间平衡的程度”的一个有力的指标，是被设计用来调控全人类的手段之一（Malthus，1798）。换句话说，根据马尔萨斯主义的逻辑，饥荒是人类在人口数量突破了其资源承载力后的最后手段。

然而，这种马尔萨斯主义的观点遭到了不少人的挑战。很早以前，Cornelius Walford 就对这种观点大不以为然，批评其是与神圣智慧（Divine wisdom）水火不相容的。依照他的看法，在多数情况下，饥荒的产生很可能是“人类手段和预见的失败”而非其他方面的结果（Walford，1878：433－434）。而后又有不少学者对饥荒是相对于可利用资源的人口过剩的后果的说法提出了质疑（Sen，1981；Alamgir，1980；Appleby，1978；Bois，1984）。例如，Sen 发现在 20 世纪的几次大饥荒中，改变的是获得食物的权利的分配，Appleby 将英国都铎王朝和斯图亚特王朝时期分布广泛的饥饿和高企的死亡率归因为交通困难，Bois 则运用地主和农民之间的财务关系来解读中世纪诺曼底人口的停滞。所有这些都从反面质疑了马尔萨斯主义的观点。

Watkins & Menken 则进一步从“饥荒的人口统计学后果”的角度对 Malthus 所认为的饥荒扮演的角色进行了思考。他们感兴趣的是“饥荒的规模和频率是否足以使其在历史上成为他们所说的人口增长的‘无情矫正器’（cruel correctives），果真如此的话，它所提供的缓解期又会持续多久”（Watkins & Menken，1985：648）。他们通过对历史记录的考察及图表推算，得出结论，饥荒或许并没有在解决以往的长期人口稳定中扮演主要的角色。对于饥荒在将来的作用，他们也做出了同样的预测，即纵然高企的自然增长率本身预示着人口对于资源的更频繁的压力，他们的图表也很好地显示了逃离马尔萨斯主义陷阱的路径。因而，除非饥荒的强度超过作为他们计算基础的推算，饥荒在将来成为人口增长的主要决定因素的可能性将微乎其微，也很难超过其在过去所发挥的作用（Watkins & Menken，1985：668－669）。

（7）外部力量说。

一些学者对近期发生在非洲等地的饥荒进行研究之后，提出了饥荒根源的“外部力量说”，这种假说旨在将非洲等地的持续不断的饥荒置于世界的政治—经济体系之中进行考察，以提请人们注意国际援助策略的负面影响。

由于撒哈拉南部非洲的饥荒在国际社会多方援助的状况下仍持续不断，近年来，人们开始对这些国际援助进行了反思，并对一些援助策略提出了警告。其中的一种观点就认为，年复一年涌入非洲国家的免费粮食已经对当地的农业经济造成了破坏，并有造成另一种依赖性循环的危险。例如，Michael Maren 就以对索马里的考察为基础，提出了“粮食创造的饥荒”的说法，认为国际机构援助的免费粮食对索马里的农业具有破坏作用，瓦解了正常的分配渠道，并因而在降雨量低于正常水平时导致饥荒。按照 Maren 的说法，即便是处在最严重干旱下，索马里也有足够的可耕地可以养活自己，事实上，索马里曾在 1987 年出口过粮食，它并不存在“人口问题”，问题是免费粮食破坏了当地出产的粮食的市场，因为救济机构输入的粮食减少了需求，造成了粮食价格无止境的下跌。据称，索马里的稻米价格是世界上最低的，低于美国价格的一半。从而形成了一个饥荒与饥荒救济的悖论。当地的自给自足已日复一日地被破坏（Bethell，1993）。事实上，现在这种状况在许多非洲国家都在发生：扎伊尔、卢旺达、布隆迪、马里、布基纳法索、塞内加尔、象牙海岸、多哥以及加纳。一些救济机构已开始担心救济粮食将会通过抑制粮食市场并使得农民种地无利可图而造成另一个依赖性循环。旨在消除饥饿的国际慈善机构最终却可能本身成为一个问题，有破坏本已所剩无几的地方农业经济的危险。

对于援助策略的另一种批评针对的是援助机构在当地推行的政策的效用问题。Michel Chossudovsky、世界发展运动组织（World Development Movement）、Oxfam International 等都颇有微词。

Michel Chossudovsky（2000）针对非洲近来的粮食问题批评道，在国际货币基金组织—世界银行权力体制下实施的“经济疗法”在很大程度上是引发埃塞俄比亚及撒哈拉南部非洲其他地区的饥荒和社会灾难的原因，它破坏了农民的经济，使得数以百万计的人民陷入贫困。在美国政府部门的合谋下，它也已为美国生物科技公司据有传统的种子和长白猪大开方便之门，此一做法的背后，则是在饥荒救济的幌子下，竭力推销着他们自己的转基因种子。世界发展运动组织于2002年发表的一份由“南部连线组织”负责人Kwesi Owusu及“马拉维正义网络”（Malawi Justice Network）主席Francis Ng'ambi撰写的关于马拉维饥荒成因的报告也提出，造成马拉维的粮食危机的原因除了洪水、政府腐败和管理不善以外，以国际货币基金组织为首的援助机构的不合理政策是一个更值得注意的原因。报告认为，正在马拉维进行的粮食生产与分配体系的私有化、对小农的农业补贴的取消、对玉米之类的主要粮食的价格控制的放松，都是引发饥荒的原因。在过去，那些原来的政策使得马拉维能避免饥荒，但它们已在国际货币基金组织、世界银行及双边援助国的要求下被废弃了，这种误入歧途的政策使得非洲的贫困雪上加霜而不是得到舒解（Owusu & Ng'ambi，2003）。

由牛津饥荒救济委员会（Oxfam）所做的一项研究也提出了类似的观点，认为南部非洲的粮食危机具有多种原因，在各个国家也表现不一，气候、治理不善、艾滋病、难以承受的债务、崩溃的公共事业都牵涉其中，但这一严重的粮食危机的一个主要原因是世界银行与国际货币基金组织设计的农业改革的失败。他们以马拉维、赞比亚及莫桑比克为例的研究表明，世界银行与国际货币基金组织在为这些国家设计农业改革计划之前，没有首先对其可能的影响做出认真的评估，其后果就是由它们授意的政策远没能达到促进粮食安全的作用，反而使得那些贫困的农民比以往更加脆弱（Oxfam International，2003）。

需要补充的是，也有学者关注了农业补贴政策对于其他国家的粮食安全的影响，例如，David Masci（2002a）就对美国与欧洲的农业补贴与非洲饥荒循环的关联做了分析，认为前者正是后者的一个重要促成因素，因为这种补贴降低了粮食价格，使得包括撒哈拉南部非洲在内的第三世界的农民难以与其竞争。Gregory Maddox（1990）对于1917－1920年发生在坦桑尼亚中部Dodoma地区的饥荒的分析则得出结论说，饥荒是在德国和英国的军事征用榨干了这一干旱地区的男子、牲畜和粮食之后发生的。

（8）特殊原因说。

这类观点着眼于导致生计困境的特殊原因，主要涉及艾滋病及牲畜掠夺两类。从思考角度来看，它更多地与 FAD 理论相关。

Danna Harman（2002）认为，是艾滋病摧残了所有南部非洲的家庭，许多本应在田野中劳作的年轻男子不是去世了就是虚弱得无法播种与收割，从而导致饥荒。De Waal & Whiteside（2003）提出了类似的观点，他们在对南部非洲社会存在的粮食不安全的原因与轨迹进行考察后认为，南部非洲正在遭受的具有令人吃惊的规模与严重性的粮食危机具有与传统的因干旱导致的粮食短缺不同的特征，这些新的特征可以大部分地归因于这一地区的艾滋病的流行，因为艾滋病已经催生了一种新型的高度脆弱的家庭。

Hendrickson et al.（1998）则提出了另一种导致非洲饥荒的特殊原因——牲畜掠夺（livestock raiding）。其实，现在人们已经广泛地认识到暴力冲突在引发今日非洲的饥荒当中扮演的决定性的角色（如 De Waal，1990，1993；Macrae & Zwi，1994），但人们对于牲畜掠夺这一特别形式的冲突关注较少，且往往将其视为遭受饥荒和粮食不安全社会的一种平常现象而忽视了。有鉴于此，Hendrickson et al. 以对肯尼亚图尔卡纳地区（Turkana district）的个案研究为基础，认为牲畜掠夺在近年来该地区的饥荒中扮演的角色日益突出。他们的研究结果表明，牲畜掠夺对于生计安全的直接影响是灾难性的，因为“自我强加的对流动性的限制”，对于放牧过的及未放牧过的草原的植被都具有负面的影响，并限制了可资利用的生存策略，且这种掠夺性抢劫导致了道义经济的崩溃。

（9）复合因素说。

Cornelius Walford、David Arnold、Joachim von Braun 等人对于饥荒原因的归纳则兼顾了自然和人为的因素，因而兼具 FAD 理论与权利学说的内涵。

Walford 认为，在多数情况下，饥荒的产生很可能是“人类手段和预见的失败”而非其他方面的结果。除了列举世界历史上发生过的有记载的饥荒以外，他还对饥荒的发生原因进行了概括，他归纳的 12 种原因就涵盖了自然与人为两方面的内容：雨、雾及其他气象，干旱，害虫、害兽，战争，农业缺陷，交通不便，法规干预，通货限制，投机，谷物误用。其中的 1 - 3 类即基本归属于自然原因，或者说是那些超出人类控制的原因。其余几类则基本上是人为原因，或者说是那些能被人掌控的原因（Walford，1879）。

David Arnold 也认为饥荒的根源是一个自然和人类因素的集合体。依照他的表述，就是“饥荒日益被看成是一种错综复杂的现象，其中气候只是因素之一。饥荒更多地被看作是一种表征而非原因，它是社会内部缺陷的征兆，而并非仅仅是暂时的气候失常的结果”（Arnold，1988：29）。Von Braun 等人在《非洲饥荒：原因、应对及预防》一书中，也强调说，饥荒应当被视为日积月累的结构缺陷的严重后果及一种社会的或自然的打击，“是与粮食生产、分配及消费有关的社会、经济与制度体系的一种灾难性破坏”，它与政策、气候、人口、市场等都相关联，是多种变量之间的复杂的相互作用的产物（Von Braun et al.，1998）。章奇（2003）亦从一种综合的视角看待许多非洲国家正面临着的严重饥荒，认为仅仅坏天气绝不是饥荒的罪魁祸首，而应该从以下三个方面来看待：基础设施条件包括运输和交通系统的落后与不完善；腐败的政府和糟糕的政策；发达国家的市场保护尤其是对农产品的国内市场给予保护（章奇，2003：42 - 43）。

针对 Tauger（1991）、Bilinsky（1999）等对苏联乌克兰的 1932 - 1933 年大饥荒原因的人为论分析，S. G. Wheatcroft 提出了综合因素说的解释加以反驳，认为它们没有重视危机的复杂成因以及不同阶段的不同影响因素，而试图提出一种显然是不够的无差别的全盘解释。针对这一缺陷，他对不同时期采用不同的综合因素比较精细地研究了这次饥荒的原因。最后得出结论，认为饥荒是由一段长时间里的系列复杂因素造成的。这些因素包括过度的征购、低收成、坏天气、牵引力不足导致的糟糕的耕种、过度种植等。政府当局的思想体系只不过是特别重要的因素之一（Wheatcroft，S. G.，2004）。李燕、王丽敏（2008）也提出了类似的观点，认为它是由旱灾、集体化冒进、富农破坏、过量征购粮食出口、限制饥民流动等多方面的原因造成的。对于最近发生在朝鲜的饥荒，Bruce W. Nelan（1997）也认为是长期的管理不善、恶劣的政策以及持续三年的坏运气等因素共同造成的可怕结果。

对于11世纪的西北欧洲在1044－1053年前后暴发的历史上前所未有的巨大饥荒，朱立（1999）也从一种复合的角度做出了解释，认为造成这次大饥荒的原因主要有四个方面：第一，西北欧洲封建的土地所有制的复杂性和多样性严重阻碍生产力的发展，是造成农业经济闭塞、落后、不稳定的根源，也是导致饥荒的根本原因；第二，传统的轮种制使土地不能充分利用，农产品产量变动非常大，农民生活没有保障；第三，战乱的破坏也是导致饥荒的重要因素；第四，气候的异常变化是导致这次大饥荒的直接原因。

关于1958－1961年中国大饥荒，亦有众多的研究者秉持一种综合论的解释。

例如，Ashton et al.（1984）认为，自然力量和政府政策都是这一饥荒的引发因素。他们分析了农业政策、城市化政策、国际贸易政策、自然灾难等与这次饥荒的关联，认为1958－1961年的中国饥荒是一个极端的例子。世界上人口最多的国家的粮食产出在第一年下降了15%，接着又连续两年比此前的水平下降约25%。此前的不明智政策被无知和国际政治的偏见所环抱。在内部，客观报道体系的破坏使得决策者不能得知真相。在外部，中国的政治孤立使得寻求援助和提供援助成为充满政治意味的行动，因而从来没有发生过。应当说，3000万人的非正常死亡是内部政策的错误以及有缺陷的国际关系共同作用的结果。Shujie Yao（1999）则将这次饥荒视为由六大相互联系的因素引发并加剧的一个发展过程。首先的三大因素——恶劣的天气、错误的政策、低度的生产激励——导致了国内粮食产出的突然下降。最后的三大因素——统计与监控系统的几近缺乏、无能力进口粮食、国际孤立——导致不能有效应对食物的短缺。这些因素的相互交织，加上三大政治事件（1957年的反右运动、1958年开始的大跃进运动、打击反革命运动）的推波助澜，引发了一场史无前例的旷日持久的大面积饥荒。李若建（2000）也将这次大饥荒归因于人为错误带来及自然灾害两个方面的影响。此外，Lin & Yang（2000）采用结合使用城市偏向与食物供应量两种动因的框架分析了这次大饥荒，发现两种因素都与饥荒期间的死亡率的上升有着显著的关联。从而表明 FAD 理论与权利理论都有其合理性。2003 年 10 月，Kung & Lin 发表了同一主题的进一步的研究成果。该文以对中国 21 个省份的精心建构的面板数据为基础，论证了过多的死亡确实是多种因素导致的结果。它们分别是食物可获得性的下降，既存的以过量的粮食收购为表现形式的歧视乡村居民的系统倾斜政策的深化，最后是政策判断力、过度劳动力动员等。因此，FAD 假说被有力地证实，城市偏向也被广泛地证实，“政治激进主义”也被证明是导致跨省死亡率差异的重要因素，相反地，作者的多元分析没能支持 Chang & Wen（1997，1998）所提出的公共食堂是大跃进饥荒的“触发”机制的假设（Kung & Lin，2003）。

综合上述学者的看法，饥荒的根源是多样性的，它往往兼具自然因素和人为因素，关系食物供给的短缺，也受制于因种种原因导致的食物获取权的下降或丧失，只是各种因素在具体的饥荒当中扮演着不一样的角色而已，因而是一种需要进行综合考察的社会现象。

2. 各饥荒学说的比较分析

（1）各饥荒学说的分歧。

饥荒作为人类文明长河中一种反复发生的历史现象，曾吸引着各个时代的人们的广泛关注与探讨。而发生在当今时代的大大小小的饥荒又激发着人们的持续讨论。在这种大背景下，对于饥荒根源的解释出现了百家争鸣的局面，出现了形形色色的饥荒学说或观点。

综观这些色彩纷呈的论点提出的饥荒根源，涉及自然灾害、地理环境、制度安排、社会政治、人口机制、自然规律、国际政治与经济秩序等方方面面的因素。如果加以归纳的话，笔者认为可以将它们之间的分歧大致归为以下三个方面的争论：

首先是一种“自然—文化争论”，即食物的短缺应当归咎于干旱、洪水之类的自然灾害还是人类的压迫、剥削、管理不善、制度失败、殖民主义、市场和国家的“政治经济”等因素。其次是一种“供给—权利争论”，即食物的绝对短缺是否就是导致饥荒的根本原因，还是应将其归因于权利失败。最后是一种“后天—先天争论”，即饥荒究竟是一种可以通过人们后天的努力加以规避的社会现象，还是一种不可避免的不以人类意志为转移的先天机制和规律。

这三大争论层层递进，从不同的视角对饥荒的根源进行了观照。综合来看，这三类争论并没有意味着观点间的二元对立。相反，在多数观点之间并不存在绝对的相互排斥，而更多的是一种相互交叉、相互补充的关系，其分歧主要表现为对不同因素的侧重与强调，并各有其自身的理由与经验材料的支持。

（2）分歧原因分析。

而之所以会出现这样的分歧，可以大致归于以下三个方面的原因：首先，从人类历史的角度来看，发生在不同时期、不同地域的饥荒的根源往往是千差万别的，因而，基于对不同历史饥荒的研究得出的结论自然会存在一定的差异。其次，对于同一饥荒的研究与探讨，也会因为考察者观察角度与注重侧面的不同，而得出不一样的结论。最后，研究者作为一个具有自主能动性的主体，其对相关现象的主观认识与判断难免会打上自己理性思辨的印记，因而出现各不相同甚至针锋相对的解释也是情理中事。

从人类出现伊始，就开始了与饥饿作斗争的历程，即使在物质生产高度发达的今天，饥饿和饥荒现象依旧存在，其给人类带来的伤害远甚于战争、瘟疫等。虽然《经济、社会及文化权利国际公约》第 11 条规定，缔约各国确认人人享有免于饥饿的基本权利，但这项基本人权尚未得到真正保障，至今在全世界仍有约 8 亿人营养不良、成千上万的人死于饥荒（涂蕙，2010）。上述关于饥荒根源的种种解释，虽有各种分歧与论争，却在不断推动着国际社会从更为全面与客观的视角来看待历史上发生过的以及正在发生的各种各样的饥荒。从学术史的眼光来看，上述的各种论点都各自从某一个侧面为饥荒根源的探讨提供了富有启迪或比较有意义的观点，有助于不断深化与拓宽我们对于饥荒的科学认识，为有效预防与应对饥荒、增强人类的粮食安全提供了有益的借鉴。

（四）饥荒的救济与预防

1. 饥荒救济方法

在饥荒救济方面，学者们提出了各种各样的应对方法，归纳起来，大致可以分为以下四大类：援助导向策略、社群导向策略、市场导向策略以及政治导向策略。

（1）援助导向策略。

援助导向策略一方面提倡直接的粮食援助，另一方面也强调帮助对方提高生产力、建设公平的国际贸易体系等方面的内容。这些观点在 Heung-Suk Hwang（1999）、Ashton et al.（1984）的著作中分别得到了阐述。前者更是提出了一个关于饥荒救济的高效的食物分配模型，该模型包括三个步骤，依次为：最佳物品分配、分配部门分组、车辆行程安排。后者则特别强调了发展中国家面临的两种类型的粮食问题，其一是十分低下的农业生产力导致其农业不能为数量众多的人口提供足够的食物，因此外国援助的优先事项必须是提供这种生产力，而不是弥补其损失；其二是由于贫穷国家在国际贸易体系中处于不利的地位，从而在遭遇连年歉收时出现严重的食物短缺和潜在的饥荒（Ashton et al.，1984：633－634）。

不过，正如上文已经提及的那样，近年来已有人对援助策略提出了警告，认为年复一年涌入非洲国家的免费粮食已经对当地的农业经济造成了破坏，并有造成另一种依赖性循环的危险；而援助机构在当地推行的政策的效用也存疑，认为在国际货币基金组织—世界银行权力体制下实施的“经济疗法”在很大程度上是引发埃塞俄比亚及撒哈拉南部非洲其他地区的饥荒和社会灾难的原因，它破坏了农民的经济，使得数以百万计的人们陷入贫困。

（2）社群导向策略。

社群导向策略不满于饥荒救济中食物供应策略而提出。这种观点受到了 Sen 的权利方法对“个人掌控食物的能力”与“食物供应本身”的区分的影响，认为应该将两种形式的援助即“提供购买力的援助和提供食物的援助”加以区分[①]。他们因而认为，不论问题的原因为何，不管是存在购买力的下降还是食物供应的减少，最好的救治方法或许是群体导向（group-oriented）而非食物供应导向（food supply-oriented）的干预（Locke & Ahmadi-Esfahani，1993）。与此类似，Steve Collins（2001）也认为那种聚焦于治疗性的给食中心并将其作为饥荒期间应对严重营养不良人群的唯一方式的做法是不合适并常常无效率的，因而有必要树立一种新的以社区为基础的治疗照顾理念。

（3）市场导向策略。

市场在饥荒期间如何运作是经济学当中一个持久讨论的议题。一个传统观点至少可以回溯到18世纪中期的法国经济学家那里，并为Jean Drèze与Amartya Sen最近所做的“强烈主张用市场力量来预防饥荒”的工作所强化。这一传统极力论证市场防范饥荒的能力。另外一种更为民粹的（populist）传统说法则认为，与此相反，运行良好的市场有可能“通过为垄断者提供良机（field day）甚至促使粮食从缺乏购买力的地区流向更为富裕的、受饥荒影响更小的地区”，从而加剧生存危机[②]。

虽然很少的经济学家会认为市场导致了饥荒，但有学者认为，在饥荒期间，市场可能基于多种原因不能很好地运行。根据Cormacó Gráda的假设，问题可能存在于跨时间分配当中，生产者会因错误地计算了他们的预期而削减供应。对于业已高企的物价的错

---

① Amartya Sen，“Food，Economics and Entitlements”，in *Agriculture in a Turbulent World Economy-Proceedings of 19th International Conference of Agricultural Economists*，ed. Allen Maunder and Ulf Renborg，Oxford：Gower，1986，p. 17.

② 正是从这一理解出发，Jean Drèze与Amartya Sen（*Hunger and Public Action*（Oxford：Oxford University Press，1989），p. 22）写道，在19世纪40年代，“英国的消费者通过市场机制，从遭受饥荒的爱尔兰将粮食吸引到了富裕的英国，香侬河（The River Shannon）上装载着各种粮食的船只络绎不绝”。

误期待可能催生主粮市场的“泡沫”①。问题也可能是与空间有关的：地方或地区市场可能会因为“坏天气扰乱了信息沟通、‘道义经济’阻止市场力量推动的粮食运送的干预压力或饥荒导致的关于基本状况的‘嘈杂’信息（noisy information）”而使得市场发生了割裂。为论证这一假设，Cormac ó Gráda 运用 19 世纪中期芬兰的粮食价格信息，从跨空间与跨时间两个维度探讨了 1866 – 1868 年发生在芬兰的一次重要的大饥荒中的市场运作情形。他通过考察地区性的价格变动以检验饥荒是否使得地区间的价格传递迟滞，并通过考察跨季节的价格变化以寻求粮食囤积增长的证据。其所用的分析资料是 1858 – 1873 年芬兰城市与农村地区的黑麦与大麦两种主要粮食作物的各省月度价格水平的数据（Gráda，Cormac ó，2001：576）。

其研究的结果有限地支持了 Amartya Sen 与 Martin Ravallion 通过对印度次大陆的市场角色的分析得出的“市场可以加剧饥荒”的结论②，即芬兰的市场反应因饥荒而迟滞。首先，对于谷物价格的空间视角的分析得出了与饥荒期间市场分割加剧相一致的结果。其次，对于地区价格变动的误差纠正方法的分析表明，在所有个案中，由谷物价格的协同变化所反映的短期影响在饥荒期间比平时更为强烈。最后，数据未能支持囤积在饥荒期间比平常年份更为普遍的观点。这些结果并不能排除市场在加剧危机方面的一种更深层次的角色作用；影响最严重地区的购买力的下降很可能会因为市场是如此地整合良好而加剧饥荒。尽管如此，Cormac ó Gráda 的研究仍表明，这次芬兰大饥荒的主要元凶还是芬兰农业的落后及当局应对

① See, e. g. , Salim Rashid, “The Policy of Laissez-Faire During Scarcities,” *Economic Journal* 90, no. 3 (1980): 493 – 503; Amartya Sen, *Poverty and Famines: An Essay on Entitlement and Deprivation* (Oxford: Oxford University Press, 1981); Martin Ravallion, *Markets and Famines* (Oxford: Oxford University Press, 1987), and “Famines and Economics”, *Journal of Economic Literature* 35, no. 3 (1997): 1219 – 1221; Cormac ó Gráda, *Black '47 and Beyond: The Great Irish Famine in History, Economy and Memory* (Princeton, N. J.: Princeton University Press, 1999), Chap. 4.

② Amartya Sen, *Poverty and Famines: An Essay on Entitlement and Deprivation* (Oxford: Oxford University Press, 1981); Martin Ravallion, *Markets and Famines* (Oxford: Oxford University Press, 1987).

政策的缺乏，而非运行笨拙的粮食市场（Gráda，Cormac ó，2001：588）①。Jeffrey L. Coles 与 Peter J. Hammond 的研究支持了这一结论，他们提出了关于饥荒的一个严格的总量均衡模型，并证明即便是在

① 从跨空间维度来看，单一价格法则（The Law of One Price）认为，在一个整合良好的市场，地区间持续的价格差异主要源自运输成本。设 T 为表示将谷物从一个地区运往价格最高地区的（固定）运输成本的向量，P_N 及 P_F 则分别为表示平常及饥荒期间的谷物价格的向量。这样，依据单一价格法则，地区间的价格的标准差（SD），σ，就将反映 T。通常地，P_F 会大于 P_N。除非 T 发生变化，运作良好的市场套利交易将使得 $\sigma(P_F) \leqslant \sigma(P_N)$。如果市场运行正常，均衡价格的显著偏离将因套利交易而被迅速纠正。那么，19 世纪 60 年代的芬兰市场是否是以这种方式运作的呢？为了解答这一疑问，作者使用了一个误差纠正模型（ECM）方法以检验这样一种假设，即危机期间反应的速度要低于此前及之后的速度。

作者估测了以下这种简单的、极其耳熟能详的误差纠正模型的表达式的一个版本：

$$\Delta P_{i,t} = a_t + b\Delta P_{A,t} + c\ (P_i - P_A)_{t-1} + e_{it} \tag{1}$$

其中 P 为价格，A 为地区 A，i 为其他任何地区。以这种方式写下这一模型表达了这样一种直觉解释，即行为者从 $P_{i,t}-1$ 调整到 $P_{i,t}$，以应对 P_A（b 则用来衡量短期影响）以及此前的非均衡结果 $(P_i - P_A)$ $t-1$发生的变化。系数 c 表示误差纠正反馈因素（error-correction feedback element）；它衡量的是 P_i做出适应前期 P_i 与 P_A 之间的差距的调整的速度。通过使用交互虚拟变量来表示 1867 年与 1868 年这两个代表最严重的歉收以及饥荒的年份，我们得到方程式（1）的修正形式：

$$\Delta P_{i,t} = a_t + b\Delta P_{A,t} + c(P_i - P_A)_{t-1} + dFAM1 + eFAM2 + e_{it} \tag{2}$$

其中

$$FAM1 = FAMDUM\Delta P_{A,t-1}$$

$$FAM2 = FAMDUM\alpha\ (P_A - P_i)_{t-1}$$

这里包括了一个新的变量 *FAMDUM*，对于 1867 年及 1868 年的每一个月而言，其被设为单位值，其他的月份则设为 0。互动项 *FAM1* 及 *FAM2* 可以使得我们了解危机期间的市场表现是否与其平常时的表现有异。如果结果显示 $d>0$，则表明同时期的价格变动在饥荒期间比平时更为同步；而如果 $e>0$，则说明饥荒期间的市场调整速度比饥荒之前或之后更为缓慢。

作者采用的数据是自 1858 年 10 月至 1872 年 12 月的芬兰最重要的粮食作物黑麦的价格。首先，作者分别考察了其他七个省份对于 Vaasa 省及 Viipuri 省的价格变动的反应。其次，作者考察了北方省份 Oulu 省对于其他七个省份的价格变动的反应。

作者制表描述了其他省份对于 Vaasa 省及 Viipuri 省的黑麦价格变动的反应、Oulu 省的黑麦价格对于其他地方的同时期的价格变动以及不均衡价格差的反应、饥荒是如何影响了价格共变以及这三个省份的价格反应的速度，以及方程式（2）中系数 d 及 e 的估测值。由于在所有个案中，d 的估测值都为正，且 P_A的系数 b 的大小也因 FAM1 的纳入而下降，这表明饥荒期间的价格比其他时期更具同步性。而将 FAM2 纳入则产生了比较混杂的结果。

在跨时间的维度上，作者考察了季节性与囤积的关系，文章比较了在“平常”年份以及发生饥荒的 1867－1868 年 Oulu、Uusimaa、Vaasa、kuopio 及 Mikkeli 各省农村地区的 t 年 9 月份至 t+1 年 6 月间黑麦与大麦价格的平均增幅。结果显示，1859－1873 年间的数据表明了 McCloskey and Nash 提出的季节性模式，因为 6 月份的黑麦与大麦价格都比前一年 9 月份上涨 10% 左右，尽管不同年份的增长还有着相当差异。然而，这种增长在发生饥荒的 1867－1868 年显得异常：是平均值的 2－3 倍、其他非饥荒年份的价格增长标准差的 2－4 倍。作者认为，这些急剧的增长并不能排除农民或其他人在季节早期囤积以期后面的价格会上涨的可能性，但无疑这种增长使得囤积之事更少可能。

一个完全竞争的符合所有经典的存在与效率法则的瓦尔拉斯均衡经济当中也可能发生饥荒[①]（Noland et al.，2001：760，注释7）。

因此，市场并不一定是饥荒的元凶，相反，也有研究表明，它在缓解饥荒方面也可能发挥积极的作用，例如 Cormaco ó. Grάda 与 Jean-Michel Chevet 合作对法国的两次大规模饥荒中的粮食市场的研究，就得出了市场确实也能帮助缓和粮食危机的结论。他们运用历史的视角，研究了1693－1710年发生在法国的共夺去200多万人生命的两次大规模饥荒，这两次饥荒都由于战时的粮食需求加重了歉收的后果。他们考察了市场失灵是否会像正常时期那样加剧这些危机的问题，其研究结论表明，尽管表现普通，但市场确实能帮助缓和这些危机（Grάda & Chevet，2002）。

（4）政治导向策略。

不少论者提出了政治导向的饥荒救济策略，包括培植民主制度、解决内部冲突、消除政治偏见等方面的内容。

John Lloyd（1997）看重民主的作用，认为慈善团体和其他大型的国际机构并不是应对饥荒的最好选择，更好的答案是在相应的国家培植民主和正义。

De Waal（1990，1993）、Macrae & Zwi（1994）对于暴力冲突在引发今日非洲的饥荒当中扮演的决定性的角色，都有过所论述。Hendrickson et al. 则以对肯尼亚图尔卡纳地区（Turkana district）的个案研究为基础，考察了一种特别形式的冲突：牲畜掠夺（livestock raiding）与饥荒的关联，并提醒人们关注饥荒的政治维度。他们认为，近年来，图尔卡纳地区的饥荒背景已经发生了变化，因为牲畜掠夺在饥荒成因中扮演的角色日益突出。外界对于图尔卡纳饥荒的反应主要是从干旱角度考虑的，例如粮食援助和牲畜重整计划，但这未能满足畜牧者们的真正需要。那些掠夺形式的武装冲突所扮演的角色往往被当作遭受饥荒和粮食不安全社会的一种

① Walrasian Equilibrium without Survival: Existence, Efficiency, and Remedial Policy, in *Choice, Welfard, and Development: A Festschrift in Honor of Amartya Sen*, ed. K. Basu, P. Pattanaik, and K. Suzumura [Oxford: Clarendon Press, 1995].

平常现象而被人们忽视了。他们的研究结果表明，牲畜掠夺对于生计安全的直接影响是灾难性的，因为“自我强加的对流动性的限制”，对于放牧过的及未放牧过的草原的植被都具有负面的影响，并限制了可资利用的生存策略，且这种掠夺性抢劫导致了道义经济（moral economy）的崩溃。要解决这一问题任重而道远，因为掠夺性抢劫最核心的问题事关群体之间权力和资源的不平等分配（Hendrickson et al.，1998：198）。

不过，也有人注意到了饥荒救济中的政治博弈问题，认为应该避免让政治问题影响饥荒的救济。Bruce W. Nelan（1997）就论述了美国与朝鲜双方所做的为政治利益而角逐的残酷游戏，认为他们各自以饥荒为手段在盘算着自己的目标。平壤以其人民的饥饿作为讨价还价的筹码，要求华盛顿与韩国、中国一道坐下来进行结束自1950年以来朝鲜半岛之战争状态的严肃会谈之前提供大规模的粮食援助。而美国则想确保其援助不会被挪用来养肥朝鲜1100万人的庞大军队。长期以来，朝鲜领导者甚至不情愿对其民众承认情况是如何的岌岌可危。华盛顿的国会保守派则视平壤的粮食需要为对这个国家的核政策、武器出口政策和政治政策施加压力的杠杆（Nelan，Bruce W.，1997）。分歧因此难以调和。这种矛盾也存在于朝鲜政府与有意提供援助的美国宗教团体之间。朝鲜领导人 Jang Jae Chol 强调“先帮助，后讨论”（Help first. Talk later），而代表美国多数基督教徒和犹太教徒的多教派人道主义代表团表示，“他们想看到我们的援助”（They want to see our aid），“我们则想看到他们的需要”（We want to see their need）。双方各执一词。针对这种状况，作者提出了“信任我们，不要利用我们；如果你们有能力，就请帮助我们”的摒弃政治考虑、聚焦于人道主义救助的主张（Frerichs，Jonathan，1998）。

以上各种救济饥荒的策略方法，各有不同的视角，往往具有比较强的针对性，而非普遍适用的灵丹妙方，因而在具体的应用中，需要进行具体的分析。这种思想在 Noland 等人对于解决朝鲜饥荒的方法的研究中获得了集中的体现。他们运用交叉熵估计技术，建构了一个基础的数据库，提出了朝鲜饥荒的一个可计算的总量均衡模型（Computable General Equilibrium Model，CGE）。并运用这一模型分析了四种复兴策略即“生产导向的、援助导向的、贸易导向的、改革导向的效果”。其中生产导向的复兴计划旨在恢复受洪水影响的土地；外部援助的计划旨在获得满足联合国发展计划署、世界粮食计划署及粮农组织估计的最低的满足人们需要的粮食援助；贸易导向的复兴计划则包括放松对农业进口配额及商业用途的粮食进口的管制；系统改革的计划则指取消所有对外贸易的数量限制，从而使得整个国家经济能依照比较优势的原则整合国内的生产。他们通过比较研究后发现，只有以贸易为中心及以改革为中心的策略才有望可持续地解决朝鲜的问题，因为在贸易导向策略的框架下，不仅能满足最起码的人类需要，而且能满足通常的人类需求，系统的改革则能满足所有的一般需求（Noland et al.，2001）。

2. 饥荒预防策略

在饥荒的预防方面，学术界也提出了多种多样的观点，大致有个体导向、政府导向、制度导向几大类型。此外，如何预测发生危机后出现饥荒的可能性以及评估饥荒期间各种人群的应对能力也受到学术界的关注，这里也一并介绍其研究成果。

（1）个体导向。

个体导向的观点可以追溯到1946年W. M. Curtiss的一篇文章，他提出，世界饥饿问题的最终答案主要取决于人均产出或实际收入。它部分地是生产问题，部分地是人口问题。一个能够将其产出提高到满足其必需的食物、穿着及住宿水平之上的人，应当自由决定是将其增加的产出用于“支撑一个更大的家庭”或是“为一个更小些的家庭购买更好的日常饮食”。如果偏好于更好的日常饮食，它也许会选择用这些富余的产出换取更多的非食物物品和服务。各人针对这一问题所做的决定千差万别，但只要这是一种自由的选择，每个人就会获得更多的惬意和满足。他因此强调个人在避免饥饿方面的责任，并认为只要让他们自由地生产和决定自己的消费就可以有效地解决饥饿的问题。他论述说，由于持守“每个人都有权利获得最低限度的高质量的日常饮食”的期望，在这个世界上甚至在一个小群体内部都可能产生大量的动荡不安和不满情绪，但我们不应该忘记每个人都有责任满足其自身的需求。毕竟，食物只是必须由个人自己满足的期望之一，在目前的粮食产出状况下，世界上的人获得足够的营养是可能的。这并不是说日常饮食不会随着农业技术的进步而逐渐改善。这个世界的希望在于“让人们去自由地生产并自由地享受他们的劳动成果”（Curtiss，W. M.，1946）。

（2）政府导向。

一些学者的研究关注了政府在饥荒预防中的作用，认为政府应当在其中发挥关键性的作用。例如，Li，Lillian M.（1982）以三篇研讨会论文的发现作为主要数据，评估了中国政府特别是清朝政府能够影响那些民众获得足够食物的主要因素的程度。《科学》杂志在1987年也曾撰文探讨了当代与历史上的饥荒的模式，并描述了一些最近发生的严重的作物歉收并没有导致大范围饥饿和死亡的案例，认为其原因在于受影响地区的政府重整了农产品的再分配并辅之以其他的救济措施（Science，1987）。

Drèze & Sen 则特别关注了公共行动在解决饥荒问题中的作用，他们的著作《饥饿与公共行为》就集中分析了公共行动在解决当今世界饥饿问题中的角色作用。他们广泛地运用权利和可行性能力的概念考察了营养的、经济的、生活的及政治的因素的相互作用及它们对于饥饿和剥夺的影响，并主要以非洲与印度为例，探讨了饥荒预防的问题，还论述了抗击长期营养不良的问题，以及应从中国、印度及其他一些国家的政策中吸取的教训。他们得出结论说，公共行动确实在解决饥饿和剥夺的问题中具有一些发挥作用的空间。就饥荒预防而言，社会保障能提供预警体系和就业供给计划。他们因而建议，为了抗击地方性的剥夺，在诸多事项中，基本保健、基础教育和粮食项目应当受到关注（Drèze & Sen，1989）。

（3）制度导向。

制度导向的饥荒预防方法主要强调了民主、市场制度以及与之相关联的权利问题的重要性。A. K. Sen 就曾提出，一个有着自由的压力和反对党派的开放的民主社会，在“警示大众正在发生什么”及“推动政策改变”方面扮演着重要的角色（Sen，1983：167－168）[①]。Ashton et al. 则认为，民主社会也可能在“警示政府不能依赖于常规报告系统的那些部分的客观性”方面发挥作用（Ashton et al.，1984：632）。Frances D'Souza 也曾撰文讨论过民主在战后饥荒、内部冲突、破坏性治理当中可以扮演的角色，认为民主能有效地预防作为一种社会与经济动荡结果的饥荒（D'Souza，Frances，1994）。

Martin Ravallion 则强调，认识到作为饥荒发生基础的市场失灵和制度失灵的伴随性质，能为我们提供预防与减轻饥荒的启示。他进而提出权利失败导致饥荒的观点，认为饥荒纵然难以预测，但仍具有一些共同的元素，权利失败就是其中之一。尽管无论作物歉收与否都会发生饥荒，每一饥荒看来都伴随着至少一些社会亚群体对于食物的合法支配的崩溃，其原因或者是资源的丧失，或者是利用既有资源可以获得的食物数量的减少。脆弱的社会基础结构和物质基础设施、脆弱的没有准备的政府以及相对封闭的政治体制，都提高了社会在饥荒面前的脆弱性（Ravallion，Martin，1997：1237）。

Amartya Sen 虽然提出了饥荒的权利学说，并强调民主制度在饥荒预防中的重要性，但并没有局限于此，而是认为对于饥饿的经济学分析需要一种充分考虑到卷入其中的明确的相互依赖性的信息良好的宽广视角。他在 1997 年的论文《当今世界的饥饿》中就系统提出并考察了以下 10 组具有相互依赖性的因素：①收入和食物消费；②不同经济部门的运作；③不同国家的生产与贸易；④宏观经济稳定性与粮食安全；⑤家庭内部的分配规则与食物和保健的分配；⑥妇女的权力与生育行为；⑦军事支出与经济剥夺；⑧早期营养不良与其对健康和技能的影响；⑨政治动机与政府政策走向；⑩公共行动主义与社会责任（Sen，Amartya，1997：1. Abstract）。

Alex de Waal（1998）吸收 Amartya Sen 的研究成果，进一步主

---

① A. K. Sen，letter to the *Economic and Political Weekly*，（India）18（5 February 1983）：167－168.

张饥荒的预防需要一种政治契约，以使得公民能让政府承担起饥荒的义务。但他认为这种契约在非洲少之又少，更糟糕的是，在现在，国际人道主义机构通过迫使非洲人将饥荒救济的责任让渡给外国技术专家而在无意中推卸了这种义务，而这些专家往往未能处理好引起饥荒的主要政治原因。为狭隘的社会责任概念及他们自身的机构利益所驱动，援助组织往往做出那种常常“加强独裁政权、剥夺受害者权力”的让步和妥协，并通过使用粗制滥造的传媒宣传争取资金而贬低了人道主义理念。De Waal 在该书的第十章还生动描述了 1996 年 11 月扎伊尔东部的假饥荒警报，De Waal 以这一事件为论据，提出了一个富有煽动性的结论，即“时下非洲的大多数人道主义行动毫无用处或具破坏性而应被摒弃”的观点（De Waal, 1998）（Gerhart, Gail M., 1999 书评）。

不过，对于权利观点，也有学者提出了批评。例如，Erhun Kula就认为，与流行的观点相反，权利问题远非当代饥荒的主要线索，权利的下降也并非 Sen 的论著中提及的多数饥荒的原始根源。此外，1959 - 1961 年的中国饥荒与权利方法的解释发生了直接的矛盾，因为它广泛地发生在收入远高于农村的城市。因此，Kula 认为，那种建议对不同人群的权利进行经济学研究以预测和救助饥荒的观点，确实是十分幼稚天真的。按照 Kula 的理解，除了不可预见的自然灾难，饥荒的主要线索是那些弱化社区免疫系统的内部和外部的军事及政治冲突。因此，他提出，要预测饥荒，就需要为决策者提供持续的可靠的关于“有可能发生冲突的地区的政治情势”的信息流（Kula, Erhun, 1988: 115）。

（4）饥荒预测。

在饥荒预防方面，如何预测发生危机后出现饥荒的可能性，也获得了学术界的重视，与此相关的还有饥荒发生期间各种人群的度过饥荒的能力的评估。

前者以 John Seaman 的研究为代表，他运用“权利”方法（“entitlement” approach），建构了一个用于饥荒与粮食危机的预测和评估的实用体系。根据 Seaman 的看法，对于当前的作物歉收或其他打击对将来的粮食供应的可能影响之所以难以预测，主要是因为存在以下三大实际困难。首先，一个家庭在面对特定打击时满足其粮食需求的能力，并不取决于粮食的供应，而是有赖于该家庭获得可供应的粮食的获取渠道的能力。其次，打击很少是单一的，如包括连年的歉收、长期的贸易崩溃、干旱、洪灾、冲突、流离失所等。最后，多数经济冲击并不会导致饥饿，人们能活下去，但要遭受因变卖家产而导致的贫穷、迁徙以寻找工作的风险、食物摄入量的削减等后果，也无能力承担教育、健康及其他非食物方面的花费。

Seaman 因而提出，生产歉收或其他一些冲击对家庭收入与粮食供应的影响取决于：（a）家庭收入模式；（b）其弥补所有可能发生的亏空的能力，如通过变卖资产或找到额外的给薪工作。Seaman 据此推论，预测一些事件对于将来家庭人口的食物供应或经济状况的可能影响就需要了解相关家庭的经济及与其相关联的经济背景。因此，该体系首先使用了两大类型的变量来描述家庭经济：一种类型的变量描述了通常家庭收入的模式，即现金收入来源以及高于通常粮食消费的现金收入的估计，粮食收入的来源以及高于家庭通常消费的粮食收入；另一种类型的变量决定了在入不敷出的情况下家庭的粮食获取渠道，包括家庭粮食储备、可以变卖以获得粮食的其他资产（现金储蓄与牲畜存栏）、野生食物的潜在可获得性、短缺时通过赠送、互惠或义务在家庭之间重新分配粮食的可能性的估计等。

作者采用了一个“常规的”基准年作为比较点。在计算这些变量时，使用的单位是绝对的或相对的食品能量单元，设正常的家庭粮食需要为 100%，其他变量则据此以“常规家庭食物供应等价物”（normal household food supply equivalents，NHHFSE）的形式加以设定。有些变量如牲畜头数则采用区间估计，对于野生食物可获得性的估计则采用 0 – 4 的量表指数。根据这种体系，作者以埃塞俄比亚 Wollo 南部高地为例，建立了一个风险图数据库，描述了三类家庭（贫穷的、中等的、富裕的）的收入与储备，通常的就业模式，特定的就业、牲畜与涉及的市场及其重要性排序，野生食物的可获得性以及在家庭之间可能发生的食物与其他物品的重新分配的程度。

在此基础上，作者还设计了一个风险图计算机程序（the risk-map computer program）。该程序具有三大主要部分：以上述方法描述一系列选定的人群的经济的数据库；输入特定年份的由“风险图问题清单”划定的经济背景的变化，如生产歉收；最后通过问题解决系统获得计算结果。计算分两个阶段进行。在第一阶段，计算由问题直接导致的预期的家庭收入亏损。在第二阶段，估算家庭填补这些亏空的可能性能力。计算采用了三种类型的法则：简单的加法；简单的线性供应/需求法：涉及市场交易的所有阶段的价格模型；应用于野生食物与家庭间的非市场再分配的指数计算法则，将数据库中的每一个指数点对应那一种类的家庭的任何亏空的20%。

不过，Seaman 建构的这个模型也存在三个方面的局限性：首先，该模型假设人们在面临匮乏时将通过强化的努力来开发利用既存的收入来源，而不是从事全新的活动；其次，模型并没有包含“收入或活动的季节性”的信息；最后，模型没有包含“家庭劳动力的可利用性”方面的数据。

尽管存在这些局限性，这一方法已被广泛地证实是行得通的，无论使用风险图与否，也无论其规模大小，结果都行之有效，如在埃塞俄比亚、苏丹、莫桑比克、斯威士兰、津巴布韦、马拉维、索马里、尼泊尔、巴基斯坦、阿富汗等国的应用都很成功（Seaman，John，2000）。

此外，Block & Webb 对饥荒发生期间各种人群的度过饥荒的能力做了经验性研究。他们以将近300个家庭的数据为基础，考察了“收入多元化、家庭对于生计风险的感知、埃塞俄比亚饥荒之后两个时间点上的消费结果的变化”之间的相互关联。其研究发现，那些度过饥荒的有着高于平均水平的收入与食物消费的家庭，也具有多样化的收入基础和更多的资产（尤其是家畜），从而表明在风险的感知和多样化实践之间存在复杂的交替关系——且这种交替关系由于家庭类型和地区的不同而有着很大的变化（Block & Webb，2001：348）。

二、健康安全

毋庸讳言，健康的某些方面是内在地与安全联系在一起的。根据世界卫生组织章程的定义，健康是指“一种在体质上、精神上和社交上令人完全满意的状态，而非仅指没有疾病或虚弱”，由此可见，“人类安全”内含的观念——可持续的获得基本需要的途径及特定权利的确保——正是健康的必要条件（Meddings，2001）。因此，诸如“健康安全”的术语已被越来越多地提及。健康领域的研究者也已发表了不少讨论健康与人类安全的主要政策的文章（King & Murray，2002）。

从人类发展的视角来看，健康不仅是人类发展的一个首要目标而具有内在的价值，而且也因其对经济发展等人类发展的其他维度的重要促进作用而具有工具性价值。另外，健康安全深受经济收入、医疗可及性和公共卫生支出等社会因素的影响。国际社会关于健康的价值及决定因素的研究成果，王曲、刘民权（2005）已做过十分翔实的介绍，这里仅选取健康与人类安全的关联、健康安全的实现两个方面，做出概要的梳理。

（一）健康与人类安全的关联

世界卫生组织指出，如果从最简单的层次来看健康与人类安全的联系的话，“生命之花的过早凋零和不必要死亡或许就是人类生活的最大的不安全因素”。据其统计，在全球60多亿人当中，每年大约有5600万人死亡，其中许多是早亡（WHO，2003）。依所用的假设而定，这些死亡案例当中的约1/3是可以通过已有的知识、技术和资源加以预防或治愈的。除了这些一般性的联系，健康与人类安全的联结纽带在一系列的健康领域得到了呈现。人类安全委员会提出了可以从四个方面来衡量健康与人类安全之间联系的紧密度：

现在与将来的疾病负担大小；行动的紧迫性；对社会冲击的深度与广度；可以引发超出特定疾病、人群或地方范围之连锁反应的“外部性”或相互影响。应用这些标准，则当今有三大健康挑战与人类安全息息相关：全球性传染病；与贫困相联系的威胁；冲突与危机（Commission on Human Security，2003：97）。这些领域与人类安全的工作定义之间的关系如图 5－2 所示。

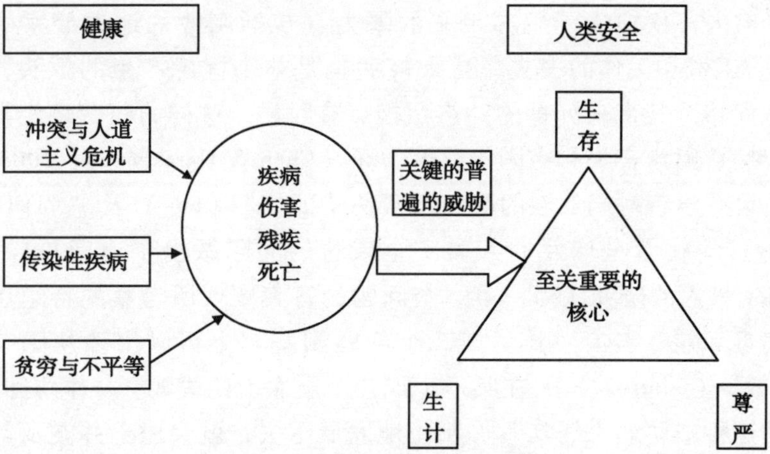

图 5－2　健康与人类安全的联系

资料来源：Commission on Human Security，2003：97。

首先是暴力与冲突。据 1999 年的粗略统计，当今世界有多达 50 多处的冲突，波及的人群超过 1 亿人。其中的许多冲突发生在一国之内而非国家之间，在这些冲突当中，平民不仅是简单的“间接受害者”，如果他们属于特定的族群或宗教派别，他们就可能成为暴力的有意目标。最近的研究还表明，所有形式的暴力都是人类健康的主要决定因子（WHO，2002）。其次是全球性的传染病。Chen & Narasimhan 认为，当今世界有两大传染性的媒介极大地影响了人们对于人类安全与全球健康间的联系的看法。其一是针对美国的炭疽生物恐怖袭击，它使人们认识到，即便是像美国这样最强大的国家的人们也在细菌和病毒武器的袭击下显得不堪一击，它也使人们对其他如天花病毒之类的传染媒介产生了新的恐惧。政治领袖们也开始警醒并认识到，正如消防和警察力量一样，公共保健仍然是一种必须由政府提供的重要公共物品。另一个就是 HIV/AIDS 的全球性流行。最后，是贫穷与不平等。贫穷、健康与人类安全的关系在亚洲金融危机期间得到了生动的体现，当时数百万人因宏观经济的冲击而在突然间变得穷困潦倒。世界银行为准备《2000 年世界发展报告》而开展的“穷人的呼声”系列研究也突出展现了贫困、健康与不安全的关系（Narayan，et al.，2000a；2000b）。这些研究发现，穷人不仅担忧因犯罪带来的暴力（包括腐败的地方警察的暴力）、工资和工作的丧失，重大疾病也是一个忧虑产生的源头，因为治疗将为其带来沉重的经济负担。有时候，这样的花费将使其陷入疾病、财产丧失和穷困的恶性循环（Chen & Narasimhan，2003）。

另有学者对局部性的健康问题是“如何”（how）及“为何能”（why）演化为全球性的人类安全威胁的问题做出了追问和探索。Curley 等人的研究认为，第一个问题的答案要依所考察的特定疾病或病毒而定，各有不同。第二个问题则基本上可以用涉及国家的“失效”（failure）——在某一个或几个层次上的失败——作为回答。因为这种威胁如果任其不加制止地发展下去，就会溢出并波及其他国家，成为世界性的人类安全问题（Curley & Thomas，2004）。关于这种“失效”，Colebatch 与 Larmour 具体提出了三种可能发生的地方：行政系统、市场、社群（the bureaucracy，the market，or the community），其中任何一种“失效”都可能引发人类安全的危机（Colebatch & Larmour，1993：28－39）。

另有不少学者通过对健康问题的实证研究或因果分析表明了健康安全与人类安全的相互联系。例如，Curley 等人从“人类安全”的视角考察了 SARS 在东南亚的传播及其影响。作者认为，在这一情况下运用“人类安全”概念作为分析工具，不仅能使人们更好地理解 SARS 对区域内国家的冲击，而且能推动人类安全模型的概念化（Curley & Thomas，2004）。Cukier 等人则考察了武器的可获得性对公共健康以及个人安全、人权和经济增长的影响（Cukier，et al.，1999），表明了健康安全问题与其他安全问题的不可分割性。哈佛大学社会科学基础研究中心人类安全研究项目开展的一项研究则探讨了几种形式的冲突（国内冲突、族群冲突、内战）及其持续对平民的公共健康的影响（Program on Human Security n. d.）[①]。由于注意到战争的长期社会影响，Hazem Ghobarah（with Paul Huth and Bruce Russett，2001）利用世界卫生组织关于死亡与残疾的统计数字对内战的长期健康影响做了跨国分析。他们选取在1991－1997年间经历过内战的34个国家，分析了其对1999年的健康影响。他们得出结论，“这些早期战争对于1999年的事后影响”差不多等于世界卫生组织估计的1999年全球的战争所导致的直接健康损失。更引人关注的是这些持久伤害的具体内容。在统计上最显著的是传染病（特别是疟疾与肺结核）与内战的相互关联，此外还有道路交通事故及谋杀率的增长。社会紧张及体制崩溃则作为可能的中间因素出现。总体而言，妇女和儿童被证实是最普遍的长期受害者。还有一个令人惊讶的发现是邻近国家的内战也能损害人们的健康，他们的研究表明，HIV/AIDS指标、无意伤害、自杀及谋杀等都在统计上与临近地区的内战存在关联性（Hampson & Hay，2002：9）。

此外，国际劳工组织消除童工项目、Fitzgibbon、Rau等以非洲为例，探讨了“已被政府、压力集团及联合国认定为对人类安全和发展的严重威胁”的人口贩卖对包括人类健康在内的诸多影响。据估计，每年有成千上万的非洲男子、妇女和儿童被贩卖到非洲大陆及海外，被迫遭受劳力及性剥削，这严重影响了人类的公共健康（Fitzgibbon，2003）。具体来说，人口贩卖使得男人、妇女和儿童被迫遭遇艾滋病等性传播疾病及其他传染病、暴力、严酷的工作条件、可怜的营养、毒瘾和酒瘾等的威胁。调查显示，商业性剥削的受害者在返回时已不幸染上艾滋病的人数在不断增加，并有不断增加的雏妓和街头小孩面临着艾滋病的威胁（Rau，2002）。此外，由于被贩卖的儿童通常更少被纳入免疫项目，从而使得政府根除早期儿童疾病的努力往往付之东流。国际劳工组织的报告还显示，非洲被贩卖的儿童常常面临着中暑、心率过快、中毒、机器事故、火

---

① 详情可参见 http：//www. cbrss. harvard. edu/programs/hsecurity. htm，accessed in December，2004。

灾、交通事故、生长停滞等的高度威胁，而严酷的工作条件使得他们普遍疲劳，使得他们在疟疾、腹泻等疾病面前也往往不堪一击（ILO/IPEC：30－31）。这些研究都表明，健康安全问题与人身安全是多么的密不可分。

此外，还有学者从一个较为独特的视角，论述了健康服务作为一种和平桥梁的作用。例如，Brundtland 就认为，“保健服务的提供”在有些时候是和平的桥梁。他举西非的例子说，根除小儿麻痹症的行动将整个地区团结到了一起：在西非的 16 个国家，交战的各方放下了他们的武器，拿起了疫苗瓶，在不到一周的时间之内，使得大约 6000 万名的小孩免于小儿麻痹症的威胁（Brundtland，2003）。Gutlove & Thompson 也持同样的看法，认为在冲突当中提供健康服务可以在敌对的社群间架起“和平的桥梁”，而医疗服务本身也可以成为持续合作的目标和原因（Gutlove & Thompson，2003）。基于对这种作用的认同，世界卫生组织于 1997 年组织建立了一个名为“健康作为和平的桥梁”全球性项目，以推广这一以健康服务促人类安全的做法。

（二）健康安全的实现

那么，该如何应对上述种种的对健康安全的威胁以保障人们的健康呢？有人从“人类安全”概念所倡导的综合性、整合性的思维出发，认为卫生部门在面对所有这些挑战时应采用综合性的策略，再也不能独自行动而不去考虑其他卷入其中的议题和参与者。其举例说，如果没有对国家性的贸易、移民和活动的监督、控制及响应，要想控制全球性的流行病是不可能的。因为在一个变得越来越相互联系的世界，其他人的不安全会很快地溢出为自身的不安全（Chen & Narasimhan，2003）。

《柳叶刀》杂志所发表的社论则强调了世界卫生组织和各国政府应发挥的作用，其观点是，世界卫生组织应该重申其对“所有人的健康”所负的使命，并使自身不断更新，以适应和满足 21 世纪的需要。其次，正如 SARS 暴发所清楚地揭示的那样，政府需要提升其国家疾病监控系统，并在世界卫生组织之下组建统一的包容广泛的全球网络（The Lancet editors，2003）。唯其如此，才能有效解决全人类的健康安全问题。人类安全委员会在博采众长以后，提出了五项为加强全球健康安全而应该采取的核心政策行动，其中即包含上述不少政策主张。这五项行动为：

● 立即行动起来，抗击艾滋病及其他危及人类安全的疾病；

● 建立知识产权保护制度以激励人们为推进人类安全做出贡献；

● 将各国疾病监控系统正式地联结为一个全球性的体系；

● 各国依其优先考虑，建立核心公共与基本健康服务体系；

● 鼓励发展社区性的健康保险以保护易受影响的人群，使其免于因重大疾病而面临灾难性的后果（Commission on Human Security，2003：97）。

由于健康安全所面临的问题在世界各地不尽相同，一些存在的问题也并非显而易见，Chen & Narasimhan（2002）提醒人们在关注健康安全的实现时要注意两个方面的问题：其一，在各种传染病的重要性方面存在南—北的分野；其二，“冰山效应”可能掩盖不同疾病的相对优先性。

首先，北部国家的公共关注自然地聚焦于不可预期的、相对罕见的流行病，包括生物恐怖活动，而南部的人们却为通常的儿童期传染病及被忽视的穷人所患的肺结核、疟疾等疾病而焦头烂额。因此，国家和地区之间的优先考虑事项并不相同。故而在处理人类安全的议题时，这一区别必须加以平衡的考量。其次，一些危机如生物恐怖活动因其产生一种紧迫感而成为紧急事件，而地方流行病却可能依旧寂静无声地在夺走数量多得多的人尤其是贫困儿童的生命。因此，可以将对于人类安全的健康威胁形象地比喻为一座冰山——有一个紧迫的可见的山尖但淹没在水下的不可见的山基却要大得多（见图5－3）。

Chen & Narasimhan认为，这种可见性与沉默性是一种公共政策的两难困境，因为在一个民主国家里的自由压力将迫使公共行动偏

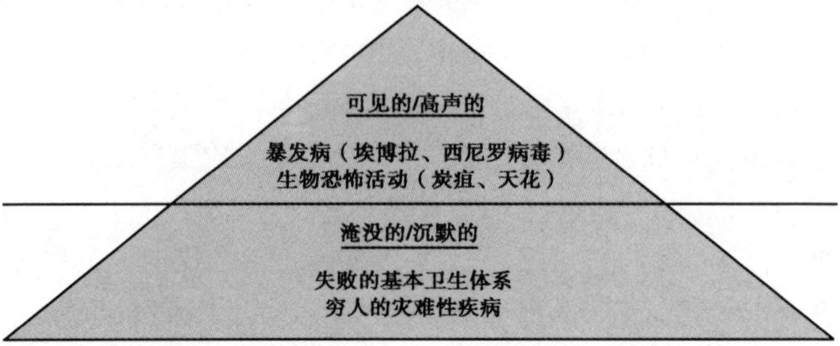

图 5－3 冰山类比

Chen & Narasimhan, 2002: 7.

向前者而非后者（Chen & Narasimhan，2002：7）。

基于以上考虑，他们提出了有必要在许多不同的层次（社区、国家、全球）以及在不同的行为群体（政府、联合国、企业以及非政府组织）中采取行动的主张。其关于各种增进人类安全的卫生行动的解释框架见表 5－1。

表 5－1 增进人类安全的卫生行动

健康领域	全球机构支持的行动层次		
	社群	国家	全球
艾滋病	鼓励现有的努力		
战争与暴力		重建卫生体系	预警系统
传染病	通过免疫、卫生教育进行预防	建设具有保护能力的核心公共卫生体系	疾病/暴发监测
与贫困相关的疾病	风险共担保险	基本保健的发展	

Chen & Narasimhan, 2002: 8.

三、环境安全

据 1994 年《人类发展报告》的介绍，发展中国家面临的主要环境威胁是水资源问题和土地问题。在工业国家，主要的环境威胁是空气污染。尽管工业国家和发展中国家所面临的环境威胁在特征上有所差异，其后果则类似，且往往是缓慢而长期的（UNDP 1994：29－36）。针对上述的种种环境威胁，学者们围绕着环境安全开展了卓有成效的研究。首先是对于“环境安全”的概念探讨，其次是讨论环境与人类安全的关联，最后是对一些国家和地区的环境安全问题的实证研究。这里仅介绍前两个方面的研究成果，后者将在第五部分加以引介。

（一）环境安全的概念探讨

根据 Khagram et al.（2003）的归纳，在过去 20 多年来，学者们大约提出了四种不同的“环境安全”概念。第一种将“环境安全”用做一种修辞工具（rhetorical device）。第二种概念大多关注环境变化（特别强调资源稀缺）与暴力冲突的联系。这一类型的分析只是对于安全议程的局部拓展，方程式的输入方被扩充以包含环境因素，然而输出一方依然以国家的生存为主。第三种则既关注环境因素对战争和暴力冲突的影响，也考察了冲突造成的难民对环境的冲击这一反向的因果关系。第四种是近 10 年来广为接受的一种概念，其将环境与人类安全联系了起来。在这种情况下，方程式的输入和输出两方都获得了拓展。环境威胁因而与“其对人类生存、人类福祉和生产力——换句话说，人类安全的一些方面——的全部影响”联系到了一起。人类与社会关系——而不是国家——成为被保障免于环境威胁的对象或者说是优先考虑的对象。

上述四种不同的环境安全概念其实又可以根据关涉对象归纳为两大类型。第一种关注的是针对自然资源的冲突会如何削弱国家安全。第二种关注的是环境退化削弱国家以及其他主体的安全的方式（Gleditsch，1998）。前者在安全讨论中寻求包容非军事的威胁，但只限于这些威胁削弱了国家安全的情况。这一方面的早期的富有影响力的例子可见 Richard Ullman 所做的研究（Ullman，1983：129）。后者也寻求在安全的讨论中包容非军事的威胁，但包容了削弱国家的以及特定的其他主体的安全的情况。有代表性的是由“全球环境变化与人类安全项目”（GECHS）所主持的系列研究（Lonergan et al.，1999：29），此外，Myers 也持有类似的观点（Myers，1993：31）。

对于上述两种类型的观点的分野，Edward Page（2000）概括为“环境国家安全观”（environmental national security views）与“环境人类安全观”（environmental human security views）的差异，并以图表的形式（见图 5-4）梳理了其发展脉络及其区别与联系。

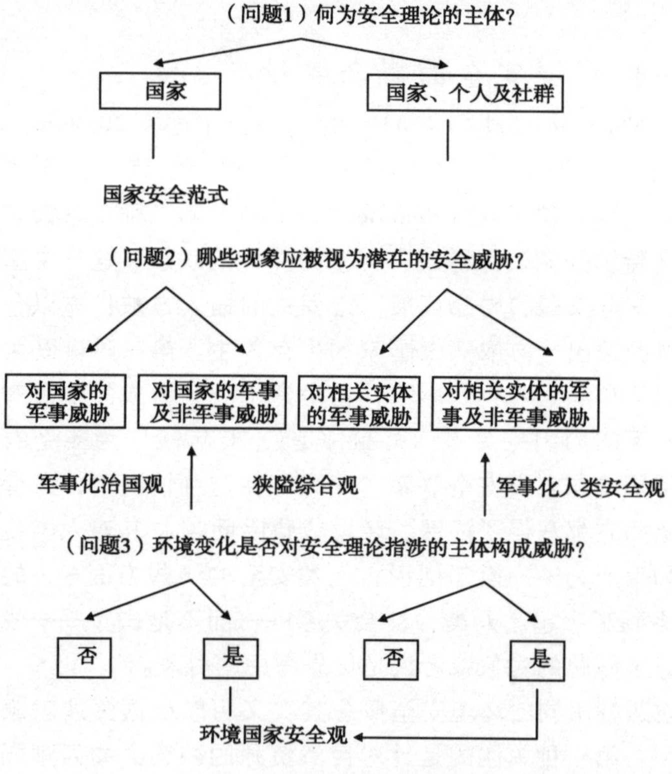

图 5-4 人类安全与国家安全理论

其实，无论进行如何的划分，学术界对于环境与安全的拓展都是围绕着“拓宽”与“加深”两条主线展开的。沿着拓宽这一主线进行分析的一个普遍的主题是作为（暴力）冲突的一种根源的环境匮乏。例如，Thomas Homer-Dixon 提出了好几种关于环境变化与严重冲突的可能联系的假说，他强调了对于社会—政治体系具有影响的可再生资源缺乏所扮演的角色，这种缺乏加以其他变量（条件），将引发国内的暴力与冲突（Homer-Dixon，1991；1994）。在这种传统的对于“匮乏”的讨论中，水资源匮乏是一个最为突出的主题（Gleick，1993；Lowi，1993）。沿着“加深”这条主线，人们着重尝试将安全分析着落于个体层次（被界定为人类福祉的安全）（Myers，1993；Lonergan，1999；Mathews，1989）等文献。此外，有人主张将环境视为着落于系统层次的关涉对象，例如，Pirages 及 Rogers 就提出了作为一种系统层次的指涉对象的生态安全（主要生态系统的安全）的概念（Pirages，1997；Rogers，1997）。

Pirages 及 Rogers 等人的观点在此后得到了响应与发扬，例如，Michael Redclift（2000）特别强调了“环境本身的安全”（Security of the environment），而不是“免于环境的威胁”（Security from the environment）。Barnett（2001）则提出应该区分由于环境恶化导致的对国家安全的威胁（“环境安全”）及人类社会对于环境本身的影响（“生态安全”）。Khagram et al.（2003）更是提出了“可持续安全”（sustainable security）的观点。认为推进人类安全的努力，正如推动人类发展一样，如果能将其活动建基于一种与应用于可持续发展类似的互相依存的、落于实处的、动态的世界观，而不是接受那种仅仅将环境视为对人类安全的一系列威胁的观点的话，我们就会做得更好。这样，安全的领域就应加以拓展，形成一种更为全面综合的理念——“可持续安全”。“可持续安全”更少以人类为中心，因为它重视的是环境本身而不是仅仅将环境视为一系列的威胁加以关注。这一领域的拓宽促进了国家安全、人类安全和环境安全三者的关键性的整合，并使得社会、经济、环境这三大相互联系的支柱同样地处在“可持续发展”所关注的领域的中心（如图 5－5 所示）。

（二）环境与人类安全的关联

对于环境与安全的探讨由来已久，关于这一讨论的最为杰出的贡献来源于北美，尤其是美国。环境安全理念的杰出倡导者，如

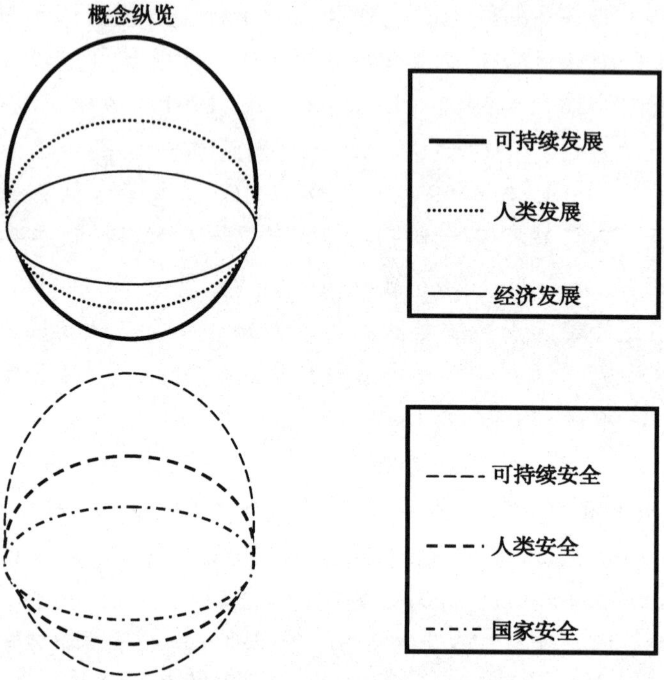

图 5-5 安全与发展的拓展

资料来源：Khagram，Sanjeev et al.，2003。

Norman Myers（1989）、Thomas Homer-Dixon（1991）及 Robert Kaplan（1996）以及最著名的质疑者如 Daniel Deudney（1993）等都出自北美。尽管如此，欧洲学术界也在这方面做出了重要的贡献。与北美相比，欧洲学术界所做的大多数学术研究避免依照 Ullman（1983）及 Myers（1989）提出的路线对安全进行一种极端的重新概念化，而是聚焦于将既存的安全关注事项从武装冲突拓展到涵盖环境变化的影响等。

综合来看，对于环境安全的挑战的探讨主要集中在气候变化、粮食安全及水安全等方面。例如，为数不少的文章探讨了对共享的水资源的争夺与暴力冲突之间的关联。Barandat 与 Kaplan 所持的意见可以作为许多关于“水作为一大安全议题”的争论的代表性观点。他们认为，地区冲突中一大具有全球重要性的领域是淡水的获取（Barandat and Kaplan，1998：12）。Alvaro Fernandez-Gonzalez et al.（2002）则讨论了水质与可获得性的问题，关注了三个关键性的议题：人口动态学、水资源冲击、制度/政策反应。另外，对于局势多变的中东地区的水供应问题也有很多的讨论（见 Myers，1989，pp. 28ff；Homer-Dixon，1991，pp. 13 – 14；Scheumann，1998：113 – 134）。

在诸多的讨论中，环境变化经常被视为比国家间对于珍贵资源的竞争更为间接的暴力冲突根源。例如，根据 Elliot 的看法，如果环境变化导致暴力冲突的话，它是通过“与其他的在特定领域内减弱了稳定性的社会的、经济的、政治的及文化的驱动因素的相互作用”造成的（Elliot，1996，p. 159）。此外，依照世界环境与发展委员会的看法，“贫困、不公平、环境退化与冲突之间存在复杂的强有力的互动关系”（World Commission on Environment and Development，1987，p. 291）。研究文献中关注最多的社会—经济驱动因素则是日益增长的环境压力对于大规模移民及难民危机等人口统计学变量、总就业率等经济变量以及内部争斗与动荡等方面的冲击（Elliot，1996：159ff；World Commission on Environment and Development，1987：291ff）。

对于环境变化与暴力冲突的关联的最为精深的研究要数多伦多大学的 Thomas Homer-Dixon 等人。Homer-Dixon 及其同事集中关注的是一个更为狭义的、更具实证性的焦点问题：世界若干地方的环境压力直接或间接引发暴力冲突的方式。这些研究者确定了几个似乎能表明环境变化与暴力冲突的联系的例证，并进而考察了潜在的资源短缺与环境压力（Homer-Dixon，1994：7）。他们的研究获得了四大主要的前期发现：第一，暴力冲突的环境根源中最重要的变量是土地、森林、水和鱼（然而，Homer-Dixon 发现，迄今为止，过多的注意力还停留在臭氧层破坏及全球气候变化对于暴力冲突的潜在影响上）。第二，有三种主要的环境压力根源：环境变化、人口增长与社会不公（Homer-Dixon，1994：8）。第三，这三大环境资源短缺的根源相互作用（并相互强化）（Homer-Dixon，1994：8 – 16ff）。

第四，能适应环境压力的社会更可能避免重大的骚乱与冲突（Homer-Dixon，1994：16－17）。综合上述发现，他们认为，有充足的证据证明“环境资源缺乏引发暴力冲突”的论断。

随着对环境与安全的研究的深入，人们开始涉及一些细节性的问题。例如，Forero & Woodgate（2002）、Cocklin（2002）及 Sage（2002）等就涉及了文化与人类安全/环境安全的关联的话题。以 Forero & Woodgate（2002）为例，该文提出，当人们倡导的政策涉及相关国家的人民的生活的大规模破坏时，在何种情况下，政策精英有理由呼吁考虑人类安全/环境安全？作者以控制南美的贩毒业的持续努力如“哥伦比亚计划”（Plan Colombia）为例对此进行了探讨，认为该计划反映了寻求人类安全与环境安全的地方性、国家性及国际性的积极行动的复杂的矛盾性的混合。他们注意到，这些积极行动往往很不受当地人的欢迎，被视为加剧了当地既存的不平等，也不如对于毒品垄断集团的武力手段那样始终管用。这使得作者追问，人类安全/环境安全对于亚马逊河西北土著人民究竟意味着什么？这些人民又可能会接受怎样的意识形态作为使上述政策合法化的理由？

值得一提的是，学术界的大多数研究都是围绕着环境恶化对人类造成的威胁展开的，但也有学者提请人们应注意到“人类安全的环境良机”，认为倘若我们只关注环境的威胁，那就忽略了那些可以获得的增进人类安全的环境良机，而事实上，保护和改善环境对于“人们的生活、福祉和实现目标的机遇”有着十分重要的意义（Khagram，Sanjeev et al.，2003）。因此，我们在防范环境变化所带来的威胁的同时，也应积极行动起来改善环境，达到从正面增进人类安全的目的。

四、人类安全的女性视角

在不少学者忙于从各个维度探讨与研究人类安全的同时，一些学者尤其是女性学者也在提醒人们不能忽视从女性视角对人类安全进行观照。从某种意义上来讲，我们也不妨称其为一种人类安全的女性维度。概括起来，相关的研究主要论证了女性视角的必要性和作用，还有一些学者则结合实例对其重要性进行了论证。

（一）女性视角的必要性

1994 年的《人类发展报告》在系统提出“人类安全”概念时，并没有将女性作为专题加以论述（UNDP，HDR1994）。而在 2003 年人类安全委员会所发表的报告“Human Security Now”中，已有相当多的涉及人类安全方面的性别差异的内容，例如贫困对男女两性的不同影响、女性难民所面临的特殊问题、女性在解决武装冲突中扮演的重要角色、保障妇女的生育安全、基于性别（gender-based）的不平等与基于性别的暴力是如何在家庭、社群及整个社会中影响人们的安全的等内容（Commission on Human Security，2003）。但正如该委员会的共同主席之一 Sadako Ogata 所提出的，考虑到基于性别的不平等和暴力与所有人类安全事项相关，委员会决定不将妇女单独作为一个特别关注领域或一种类型的冲突受害者或发展的手段（instrument of development）加以阐述，而是将其融入报告所提及的各个主题中加以探讨（Ogata，2004）。

对此做法，一些学者在赞赏其改进了 1994 年《人类发展报告》的论述框架的同时，也提出了批评。例如，Charlotte Bunch 就认为，由于在主流的话语里，女性的生活通常仍未处于分析的中心，我们很需要采用 woman-specific 的方法以反映综合性的现实。如果我们不将女性作为一个对象或服务群体加以特别注意，那些深刻影响女性的议题就经常被忽略或者被作为其他议题的一个方面而边缘化了。例如，如果我们不专门探讨女性面临的安全问题，就不能充分地探究“身体完整”（bodily integrity）这种被女性视为“对其最紧要的安全至关重要”的复杂问题，特别是生育权利与针对女性的家庭暴力（Bunch，2004）。她进一步论述说，如果细读“人类安全”的定义，就会知道没有比“针对妇女的暴力”更好的人类不安全的范例了，因为它直接和间接地影响到了一大批人。而“身体完整、生育权利、针对女性的家庭暴力”在人类安全的文献和讨论当中可以说是太经常被忽视了（Bunch，2004）。

Sakiko Fukuda-Parr 则从女性在人类安全方面的弱势地位着手论述了女性视角的必要性和价值。她的叙述较为零散。归结起来，有以下六个方面。第一，妇女所受的教育和拥有的再就业技能通常比男性要差。妇女也许能从“非正式行业或者纺织、制衣等来料加工业所提供的新的就业机会”中获益，但这些职位往往充满危险、薪酬低廉、工作条件不安全、工人的基本人权也很少获得尊重。第二，在经济突然衰退的时候，妇女通常特别地脆弱。这种事件会使得妇女本来就难以满足的保健、学校教育和职业培训更难获得。第三，性暴力的威胁。在所有针对女性的暴力当中，最为显著的是性暴力，而那种已被视为战争犯罪的“作为战争武器的强奸”是族群冲突中最令人憎恨的一面。另外，贩卖妇女与女孩也通常与性强迫及性剥削有关。第四，在很多国家，妇女更多比例地遭受失业、非自愿失业以及部分就业的影响。第五，妇女比男性更多地感染艾滋病。第六，越来越多的妇女与女孩在那些“发生在一国之内的相互敌视的社群之间而非专业军队之间的冲突”中处于危险的境地（Fukuda-Parr，2004）。Leith Mullings 则关注了全球化对不同性别的影响差异。他提出，妇女尤其是低收入的有色民族妇女，是全球化（更准确地说是全球化的资本主义）所带来的变迁的主要受害者，因为全球化创造了新的种族主义形式和性别分层（new forms of racialized and gendered stratification）（Mullings，Leith-2004）。还有一些学者提出，如果不能首先讨论性别平等的问题，我们就不能富有意义地思考人类安全，因为“妇女的授能（empowerment）是人类安全的前提条件”（Haq，1999：95；Tickner，1999）。此外，Charlotte Bunch 从解决妇女的人类安全问题的两大需要入手论及了女性视角的重要。她认为，要真正实现妇女的人类安全，首先需要将“各种形式的针对女性的暴力”视为“对于全世界女性而言的人类不安全”的主要根源——而不是将其作为其他问题的附属加以考察，另一个需要就是要了解到“针对女性的暴力”不仅本身是一个重要的人类安全议题，它也与世界上其他形式的武力压制和不安全形式的持久存在密切相关（Bunch，2004）。

正是认识到女性视角的这种重要价值，前联合国人权高级专员 Mary Robinson 就特别从女权主义的角度将“保障女性的自由与权利”纳入“人类安全”的关键内容，并将“承诺性别平等”与“抗击艾滋病”等并列为国际社会应关注的重点问题（Robinson，2004）。

可以说，学术界尤其是女权主义者对“人类安全”中的女性视角的重要性的强调对推进整个人类的安全有着很高的价值。但也有人批评说，已有的探讨往往倾向于鼓吹性别视角的重要性，却忽略了“如何去应用”的更为实际的问题（Farr，2003）。Bunch 也就人类安全委员会的报告提出了类似的批评，认为其谈到了“暴力剥夺了人的安全”，在对健康的讨论中也将家庭暴力视为人类安全的“无声的危机”——但却很少努力使其从无声中摆脱出来（Bunch，2004）。

（二）女性视角的作用

Charlotte Bunch 对女性视角在推动人类安全方面的作用深信不疑。她提出，妇女可以从女权主义的视角出发，以前人所描绘的原则为基础，构建“人类安全”概念，书写被遗漏的篇章，并推动其继续前行。通过这样做，人们就可以增加对“应采取什么样的行动创造妇女的人类安全”及“应怎样扭转种族主义、军国主义和战争所表明的根深蒂固的武力压制模式”的理解，为实现所有人的人类安全铺平道路（Bunch，2004）。Hoogensen & Rottem 则关注了作为安全的一种完整视角的性别认同，认为运用性别认同来理解安全，可以使安全概念更为明晰——无论是从一般的个人角度还是特别的女性视角来看（Hoogensen & Rottem，2004）。

另有人从女性在促进人类安全方面的具体作用着手，论述了在人类安全建设当中性别视角的重要性。例如，Hunt & Posa 认为，让那些策划战争的男人去设计和平是个坏习惯，因为和平的促成者常常是女性。她们因此提出了“综合性安全”（inclusive security）的概念，以强调女性在建设世界和平当中的不可替代的作用。她们认为，正如战争已变得包容广泛（平民的死亡比士兵的死亡更常见）一样，我们用以结束冲突的方法也应如此。而“综合性安全”正是这种方法，它强调了妇女的作用而非其脆弱性。并进一步阐释说，与其说这一概念是出于性别平等的考虑，倒不如说是出于效率的需要，因为女性在重建和维护和平方面确实要比男人做得更为出色（Hunt & Posa，2001）。人类安全委员会在其报告“Human Security Now”当中也曾提到了妇女在冲突预防及减少贫困方面的作用（Ogata，2004）。此外，Vanessa Farr 撰文论述了为什么在应对冲突时需要有性别视角，并具体探讨了妇女在战争及和平时期的工作以及妇女可以怎样参与到和平建设的进程中去（Farr，2003）。然而，尽管妇女在上述各个方面能为推进人类安全做出独特的贡献，却往往不能获得充分利用。Farr 因此痛惜地指出，虽然女性在处理武装冲突所造成的人间悲剧中不可或缺并意义重大，她们却常常难以享有重要的领导和决策权，因而难以充分发挥其独特价值（Farr，2003）。

还有学者从“针对女性的家庭暴力”与社会暴力文化的内在联系论述了女性视角对于理解“人类安全的文化挑战”的意义。这方面以 Charlotte Bunch 的观点为代表。她的核心观点就是，一个接受家庭层次上的暴力的文化，也会接受战争暴力、军国主义以及人类安全报告所讨论过的其他形式的武力压制形式。她指出，如果我们看一看针对女性的家庭暴力是怎样被正常化（normalized）的话，我们就可以开始了解到这是创造一种“接受人类安全报告所讨论的战争暴力、军国主义及其他形式的武力压制和冲突形式”的文化的主要贡献成分。此外，“针对女性的暴力”不受惩罚的社会思潮——男人和男孩所持有的其可以逃脱处罚的信念——仍在大多数社会中流行，它也普遍地助长了不惩处暴力的文化。人类安全委员会的报告（指“Human Security Now”）确实讨论了针对女性的暴力是如何因战争和冲突而加剧的，但却未能论及这种暴力也是使得战争和冲突持久存在的部分原因。然而，正是针对女性的暴力使得人们接受了“暴力是解决分歧的不可避免的正常手段”的想法（Bunch，2004）。Bunch 提醒说，所有针对妇女的暴力是文化使然，退一步而言，只要这一文化——家庭的、社群的、朋友的、同事的和宗教的——普遍地接受这种暴力行为。因此，这才是“针对妇女的暴力”这一妇女人类安全问题所面临的真正的文化上的挑战（Bunch，2004）。

（三）实证研究

一些学者应用女性视角，或对女性所面临的人类安全问题进行讨论，或探讨女性在推进人类安全进程中的特别价值，或论述女性视角在解决人类安全问题中的重要性，等等。例如，Myriam Gervais 对卢旺达重建中“援助机构所发起的干预”对妇女生活的影响进行了研究（Gervais，2003）；Melani Budianta 介绍了印度尼西亚妇女在 2000 年大骚乱中维护和平、追求和平的活动（Budianta，2000）；Charlotte Bunch 探讨了“人类安全”概念的女权主义观点，批评布什政府打击恐怖主义的努力忽视了妇女并挫伤了女权主义者（Bunch，2002），她还从女权主义的视角，对冲突进行了考察与探讨（Bunch，2002/2003）。Ulf Kristoffersson（2001）则在对世界的艾滋病流行情况进行研究后提出，在许多被艾滋病严重影响的国家，妇女是占多数的被感染者。只有一个方法才能解决这一问题，那就是要一再强调“在所有层次上赋予妇女和女孩权利”。如果我们能真的朝着这个方向努力，就将有效地减轻艾滋病的危害、降低感染艾滋病的风险。为此，国家法律应充分考虑性别问题，为妇女提供同等的获得财产、教育、就业、经济机会的途径并保护妇女的生育权利和性权利。

第六章 人类安全的测量与实现

作为一个由UNDP系统提出的与人类发展密切相关的概念，人类安全究竟应如何测量？是否能参照人类发展指数设置一套测量指标以开展横向与纵向的比较研究？这些都是国际社会在定义人类安全时就开始思考的问题，诸多的定义争论也往往内在地围绕着人类安全的操作化做文章。从某种意义上说来，诸多狭义严格的人类安全界定即往往出于倡导者希望使其易于数量化的考虑。因而，学者们在提出自己的测量体系的同时往往会提出一个经过修正的比较严格的定义，或者只侧重于UNDP定义的若干个方面展开。

在探讨人类安全的测量之外，学者们也对该如何在国家、区域及国际层次增进人类安全的问题进行了诸多思考，提出了形形色色的设想与建议。

一、人类安全的测量

容易理解的是，由于“人类安全”概念涵盖了十分广泛的内容，要针对其所包含的各个维度设计一种具较强可操作性的量度指标，用以测量世界各地的个人享有安全与自由的程度，以及个人应对“人类安全”威胁的能力，虽然不是不可为之事，但至少是一项十分棘手难办的任务。因此，尽管Caroline Thomas强调了“需要运用一套指标描绘全球框架之下的社会群体的人类安全体验”（Thomas，1999a：181－182）[①]，印度学者 Kanti Bajpai 也提议建构“人类安全指数”（Human Security Index），依此去计量“人类安全”威胁的增长或减少，并作为评估应对“人类安全”威胁的能力之用（Bajpai，2000），但目前尚无一种公认的按照 UNDP 所下的定义来评估人类安全的复合指标。尽管如此，国际社会各方仍提出了一些富于启发意义的量度人类安全的观点和方法。以下即重点介绍 1994 年《人类发展报告》提出的观点、Inge Kaul 的双领域测量法、Leaning & Arie 的三领域测量法、King & Murray 的关键福祉测量法、Frikkie Booysen 的二分式测评法、Kanti Bajpai 的人类安全审计法、Lonergan 等人的 IHI 方法、Wolf Scott 的七领域指标法等观点。

（一）UNDP《人类发展报告》的观点

1994 年《人类发展报告》将人类安全大略地归为七类，分别是经济安全、粮食安全、健康安全、环境安全、人身安全、社群安全以及政治安全并对各类安全的具体内涵做了阐述（UNDP，1994：24－33）。如果根据这些论述，则应使用的衡量参数如表 6－1 所示：

表 6－1　安全种类及其衡量参数

安全种类	衡量参数
经济安全	失业率；实际工资；社会保障；贫困与无家可归
食品安全	人均食品产量；食品进口依赖率；日需卡路里供应比率
健康安全	5 岁以下儿童的体重不足比率；饮用水安全；医疗服务的获得；生育死亡率；艾滋病
环境安全	安全饮用水；土地损失；空气污染
人身安全	谋杀；强暴；毒品犯罪；交通事故伤害
社群安全	族群与宗教冲突；集体反叛；主要的武装冲突；难民
政治安全	军费支出与社会支出（教育、卫生等）的比率

作者制表。资料来源：UNDP，HDR1994：25－33。

---

① Thomas，Caroline，1999. Furthering the debate on human security，in C. Thomas and P. Wilkin（Eds）*Globalization*，*Human Security and the African Experience*，Lynne Rienner，Boulder，CO. pp. 181－182.

为“通过早期预防”确立这一概念，报告还倡导运用诸如犯罪率、道路交通事故、污染、收入不平等之类的人类危难的“早期警示”指标。这些指标现在已被联合国发展计划署的年度《人类发展报告》采纳为常规指标（Leaning & Arie，2000a：8）。

但由于上述评价指标过于宽泛、具有相当的操作难度，近些年来，有不少学者如 Frikkie Booysen、Inge Kaul、King & Murray 等提出了经过改进的各有特色的测量方法。这些方法虽各有侧重，但都尽量缩减测量所需的参数，只选择各自认为的关键变量进行人类安全的评估。

（二）Kaul 的双领域测量法

Kaul 认为，应根据人类安全的两个关键方面——“人类生存”与“可持续性”——而选择人类安全的衡量指标。在“人类生存”领域，基本需要的满足可以通过以下指标加以衡量：可以获得基本保健的人口的比例；污水与垃圾处理系统及干净水；小学与初中就学率；每天的人均卡路里供应；就业与失业；私人家庭的收入；体面住处的获得。另外，还可以选择一些早期预警指标，如婴儿死亡率、生育死亡率、农村迁离及其他形式的移民等（Kaul，1995）。至于“可持续性”，Kaul 认为，区分国内与国际因素是重要的。在一国之内，下列因素应被监控：通货膨胀率；实际工资水平；预算赤字程度；债务占全部预算的比例（debt servicing to overall budget）；军费开支与教育健康综合支出的比例；收入与财富的分配；环境恶化与自然资源稀缺指标；人权与社会—政治稳定——包括因罢工而损失的天数、恐怖袭击次数、战斗受害者人数等。国际方面的指标则包括：世界人口中 5% 的最富有者与 5% 的最贫困者之间的经济机会差异；国际资本市场的稳定性；温室气体排放及其他事关全球气候的指标；贩毒；流行病的传播及武器贸易。这里也应包括一些预警指标，如非正常的跨境移民、难民流动、国家间的边境争端等（Kaul，1995）。

根据 Kaul 的论述，我们可以用表 6－2 对他的观点进行直观的归纳：

表 6－2　双领域测量法人类安全的衡量指标

人类生存	基本需要的满足	可以获得基本保健的人口的比例
		污水与垃圾处理系统及干净水
		小学与初中就学率
		每天的人均卡路里供应
		就业与失业
		私人家庭的收入
		体面住处的获得
	预警指标	婴儿死亡率
		生育死亡率
		农村迁离及其他形式的移民
可持续性	国内因素	通货膨胀率
		实际工资水平
		预算赤字程度
		债务占全部预算的比例
		军费开支与教育健康综合支出的比例
		收入与财富的分配
		环境恶化与自然资源稀缺指标
		人权与社会—政治稳定——包括因罢工而损失的天数、恐怖袭击次数、战斗受害者人数等
	国际因素	世界人口中 5% 的最富有者与 5% 的最贫困者之间的经济机会差异
		国际资本市场的稳定性
		温室气体排放及其他事关全球气候的指标
		贩毒
		流行病的传播
		武器贸易
	预警指标	非正常的跨境移民
		难民流动
		国家间的边境争端

作者制表。资料来源：Kaul，1995：316。

（三）Leaning & Arie 的三领域测量法

Leaning & Arie 独出心裁，提出了人类安全的一个“集中关注人而非资源”的新范式，更多地关注社群稳定的心理和社会因素，并确定了三大互相交叠的社会心理韧性领域（家、社群、未来）。

他们认为，测量人类安全时必须（a）集中关注这些领域的“动态变化”；（b）特别注意安全的“反向指标”。这些反向指标——一起被置于“平衡计分卡”上——将被用来标明离开家庭或异地安家的程度、社群集团间破坏性紧张的程度、对于未来的悲观程度。考虑到预测危机确实要比预测繁荣更为紧要，我们就可以将人类安全作为一种威胁测量的方法（Leaning & Arie，2000b：5）。人类安全主要的可测量成分包括：

- 一种可持续的有家可归的感觉；
- 有助益的社会与家庭网络；
- 接受过去及积极掌握未来。

他们提出这些成分能以其反向指标（社会脱臼、动态不平等、贴现率[①]）的趋势获得最佳的量度（Leaning & Arie，2000b：38）见图 6 - 1。

Leaning & Arie 并将这种方法应用于精选的一些非洲个案。根据其研究，卢旺达和莫桑比克的例子突出表明了“人口重置”与“持续增加的集团不平等”的适用性，对于尼日利亚和索马里的讨论则表明“群体内部的不平等”及“对未来信心的普遍缺乏”的重要性（Leaning & Arie，2000b：5）。他们因此得出结论说，这些例子虽然简洁，但从一般的层次上证明了其三领域测量法的适当性。

（四）King & Murray 的关键福祉测量法

King & Murray 为了使“人类安全”具有可测性，特别提出了他们自己的“简单、严格、可以量度的”人类安全定义，即“将来生

① social dislocation, dynamic inequality, and discount rate.

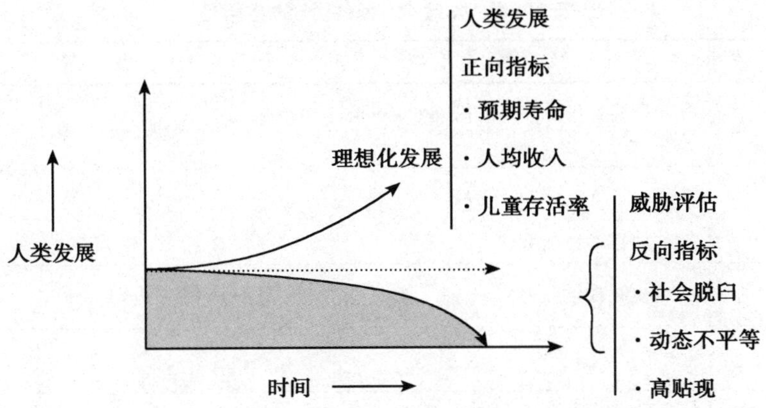

图 6－1　运用人类安全的反向指标进行威胁评估

Leaning & Arie, 2000b: 40.

活于一种‘广义贫困’(generalized poverty) 状态之外的年数”。所谓“广义贫困”，就是一个人处于任一关键人类福祉领域的阈限之下的状态 (King & Murray, 2002)。考虑到早期被提议的人类安全定义被批评为过于宽泛，想包容一切反而什么也不是。他们只选择了那些基本的或极为重要的福祉领域，即那些“足够重要值得为之奋斗或值得将其生命或财产置于重大威胁而不顾”的福祉领域①。他们认为，其他福祉成分也许重要、有用或值得争取，并因而应被人类发展指数 (Human Development Index)、UNDP 等纳入测度范围，但却应从他们的人类安全定义中去除 (King & Murray, 2002)。

在操作层面上，他们选定的福祉领域包括：收入、健康、教育、政治自由、民主。对于每一领域，又有相应的指标及阈值。其中的人均收入、健康、教育源自 UNDP 的人类发展指数，“政治自由”与“民主”则是新增的两个指标。详情如表 6－3 所示：

① 原文为：“include only those domains of well-being that have been important enough for human beings to fight over or to put their lives or property at great risk”.

表 6-3 关键福祉测量法的与阈值

领域	指标	阈值
收入	使用购买力平价并换算成 international dollars 的人均 GNP	365international dollars
健康	根据 SF-36，Euroqol，WHODAS 等，将个体的健康状态评定为从 0（死亡）到 1（完全健康）之间的特定数值	0.25
教育	平均受教育年数	5-6 年
政治自由	（未提出）	（未提出）
民主	至少能在一次自由公正的选举中投票的权利（不一定是全国性的选举）	1 次

作者制表。资料来源：King & Murray，2002：598-601。

在所需数据上，他们认为可以使用国民核算（national accounts）或人口动态记录（vital registration）等可以获得的数据来分别测量这些变量，并使用更小规模的研究来估算其联合分布。作为最后的手段，则还可以使用社会生态学推导（ecological inference）来推断联合分布（King，1997）。根据这些数据，就可通过计算“个体人类安全年数”（Years of Individual Human Security，YIHS）和“总体人类安全年数”（Population Years of Human Security）来分别测定个人与群体的人类安全。所谓“个体人类安全年数”就是“生活当中没有遭遇‘广义贫困’的预期年数”。例如，如果一个 40 岁的妇女预期能再活 35 年，但每年只有 50% 的机会免于“广义贫困”，那么她的个体人类安全年数就是 17.5 年。“总体人类安全”的计算则可通过总计 YIHS 的两种方法进行。最简单的方法是直接平均法。由于这种结果易受人口年龄分布差异的影响，为便于比较，他们提出了第二种不受人口年龄分布影响的量度标准，即“生来的人口人类安全年数”（Population Years of Human Security at Birth）来比较各个群体（King & Murray，2002）。

King & Murray 在这里迈出的重要一步是包含了一种纵贯一生的视角，但 Leaning & Arie 评论说，他们提出的总体人类安全指数仍是如此地接近于一种加权的贫困测量或一种总计人类发展指数（expressed in life years），以至于其定义未能帮助界定时下对于福祉的严重威胁的特定成分，即在某一特定时间，在针对既定的人口危机或人类安全破坏的战略反应中应当优先关注的风险与不安全要素（Leaning & Arie，2000a：10）。

（五）Booysen 的二分式测评法

与上述观点不同，Booysen 提出了一种独具特色的二分式评估方法。对于这一方法，他本人也一直津津乐道，认为自己虽在“综合使用一些发展目标作为衡量”方面既不新奇，也非独创，但其所提出的人类安全指数（Human Security Indices，简称 HSIs）却有新颖和独到之处，因为与其他复合指标测量法不同，这些指数包含两种变量，分别代表了“基于努力与结果的发展指数”（effort and outcomes-based development index）即“人类安全努力指数”（the human security Effort Index）与“人类安全成就指数”（The human security Outcome Index）。其中的“人类安全努力指数”包括衡量“政府努力满足特定发展目标的程度”的那些指标。而“人类安全成就指数”是指那些反映“这些特定的发展目标的实际实现程度及人们获得特定能力的程度”的指标。此外，通过将“努力指数”除以“成就指数”得出的“低效比”（Inefficiency Ratio），就可以分析人类安全努力被转化为实际成就的程度（Booysen，Frikkie，2002）。

根据 Booysen 的论述，每一人类安全指数所包含的特定类别及变量如表 6－4 所示。表中的七大类别是根据 1994 年的《人类发展报告》的分类而定的，具体指标的选择则根据他所说的三项原则即“有效性”（validity）、“可比性”（comparability）、“可获得性”（availability）而定（Booysen，Frikkie，2002）。

表6-4 人类安全指数的特定类别变量

类 别	努力指数	成就指数
经济安全	初级、中级、高级综合总入学率	实际人均国内生产总值
食品安全	日需卡路里供应比率	每1000人中的5岁以下夭折率
健康安全	每10万人所拥有的医生数	10万例中的生育死亡率
环境安全	所选八个国际环境公约的加入与执行情况	国土总面积中受保护土地的比率；二氧化碳的排放情况（公吨/人）；有机水污染物的排放情况（公斤/天/1000人）
人身安全	每10万人所拥有的警察数	每10万人所报告的谋杀案数目
社群安全	所选六个国际人权公约的加入与执行情况	不歧视指数
政治安全	政治自由等级	参与投票率（百分比）

Frikkie Booysen制表。资料来源：Karatnycky（1995），Ul Haq（1995），Centre for International Earth Science Information Network（1997），Kurian（1997），United Nations Development Programme（1999），United Nations High Commissioner for Human Rights（1999），World Bank（1999a，b），World Resources Institute（1999）。

（六）Kanti Bajpai的人类安全审计法

印度学者Kanti Bajpai（2000）依照人类发展指数的模式，提议建构一种人类安全指数（或审计）来测量威胁以及人们应对威胁的能力。

Bajpai认为，这种指数有助于将某一给定社会的“客观的”威胁以及能力与“对威胁的感知”——二者有可能完全不是那么一回事——区别开来。更重要的是，这种指数将帮助发展出一套有关“人类安全”的社会早期预警系统，确认构成“人类安全”威胁的主要来源，重新界定国家的与国际的政策优先事项，确立国家的与国际的有关“人类安全”的标准，以及催生新的有关人类发展与人道治理等相关的社会科学知识（Bajpai，Kanti，2000：55-56）。

依据Bajpai的观点，人类安全的审计应当包括（1）威胁的增加或减少的计算；（2）应对这些威胁的可行性能力的评估[①]。这种“威胁/可行性能力模型”（threats/capabilities schema）既可以用以开展国家之间的比较，也能运用于一国内部差异的评估（Bajpai，Kanti，2000：54）。

人类安全审计的具体操作则应从两方面入手：定量的与定性的审计。首先，建构一种年度的人类安全定量测量是可行的。也就是说，与人类发展指数以及最近提出的人道治理指数（Humane Governance Index）并行，我们可以发展一种人类安全指数（Human Security Index，HSI）。现存的大量数据都可以用来开展人类安全指数所需的跨国与国家内部的比较。其次，对那些难以进行测量的因素则可以进行定性的评估。这些因素通常处于国际的/全球的层次，并更多地事关安全审计的“可行性能力”一面而非“威胁”。因此，对全球裁减军备的努力的年度定性评估将比开列现存的核武器、生化武器有用得多。对于全球生态而言也是如此。在国家/社会的层次，对于那些可能歧视或侵犯民族一宗教群体的政府法律的定性考察是必不可少的。因此，人类安全审计不能仅仅计算遭受贩卖的妇女与儿童的数目，它还必须对制止这种恶劣行径的政府间与政府的政策做出评估（Bajpai，Kanti，2000：54－55）。

当然，正如 Bajpai 认识到的那样，人类安全指数也将遇到以下四个方面的挑战。

第一，有效性与可信性的双重问题。建构一种全面的指数以充分地描述人类安全是一种有效性的挑战。同样，衡量人类安全的不同成分也必须有效地代表各自意欲测量的维度。此外，或许更严肃地从一种操作意义上来讲，这些不同的量度指标应当是可信的，也就是说，它们应当以同样的方式进行跨国度与跨时间的建构，以保证人类安全的测量方法是“稳定的”，从而可以进行跨时空的比较

① See Daniel N. Nelson，“Threats and Capacities：Great Powers and Global Insecurity，” in Michael T. Klare and Yogesh Chandrani，eds.，World Security：Challenges for a New Century，Third Edition（New York：St. Martin’s Press，1998），pp. 38－40 for a similar formulation regarding more traditional notions of security.

（Bajpai，Kanti，2000：57－58）。

第二，与其他指数一样，人类安全指数也将受制于总计的问题。在总计不同的测量指标时，理想的方式是为它们分配不同的权重。然而在目前的情况下，似乎还没有令人十分满意的决定这些权重的方法。

第三，人类安全指数代表的是国家层次的总体性衡量。也就是说，它是建基于某一国家的特定一年的总体数据如暴力死亡数字之上的。而在这一国家之内，暴力死亡的情况却可能因时因地而有着显著的差异。

第四，与上述相关的，人类安全指数是人类安全的一种“客观的”衡量，对于社会现实的这种解释有着局限性。它需要用其他的人类安全评估方法加以弥补。一种补充方式是民意调查。另外一种补充方式是做出人类安全的年度定性评估或审计（Bajpai，Kanti，2000：58－59）。

（七）Lonergan 等人的 IHI 方法

Steve Lonergan 等人出于为更有效地制定环境政策奠定基础的目的，曾提出了一套由 16 种指标组成的人类不安全指数（Index of Human Insecurity，IHI）来测量世界各国的人类安全状况。IHI 的取值范围为 1－10，其中每个指标占有相同的权重。这些指标分别代表环境、经济、社会及制度方面的状况，详见表 6－5：

表 6－5 Lonergan et al.，2000 提出的建构人类不安全指数的指标

领域	功能性关系	结构性关系
经济	净能源进口 工业二氧化碳	安全饮用水 可耕地
环境	实际人均 GDP 实际人均 GDP	成人文盲率 人均 GDP 增长
社会	15 岁以下人口所占百分比 城市人口增长	生育死亡率 儿童死亡率
制度	公共支出中国防经费与教育经费之比 国内固定投资总额	民主化程度 人类自由指数

Lonergan et al.，2002：90.

其具体计算步骤如下：

（1）建立所有国家与所有指标的完全时间序列数据。由于多数国家并没有多数指标的完全时间序列数据，他们建议在已有数据充足的情况下，通过一些相对简单的统计技术（线性回归或数据插值法）来估算时间序列数据。

（2）对数据加以标准化处理。对指标进行调整，以使它们采用同样的无单位的度量并具有相同范围的可能取值。这样，所有指标就在复合指数中占有了相同的权重。

（3）对数据进行分类并计算指数。使用聚类分析法将每一种指标按年份分为10类。各国的每一个指标都被赋予1－10之间的一个具有已知或估计值的数字。所有指标的平均值就是每一个国家每年的相应IHI值（Lonergan，et al.，2000：3－4）。

（八）Wolf Scott的七领域指标法

Wolf Scott在UNDP的资助下，曾编写了外高加索地区（亚美尼亚、阿塞拜疆、格鲁吉亚）及中亚地区（哈萨克斯坦、吉尔吉斯斯坦、塔吉克斯坦、土库曼斯坦、乌兹别克斯坦）的人类安全报告。两个报告使用的衡量参数大体一致。以前者为例，作者从经济风险、社会风险、人身风险、环境污染与自然灾害、公民人权与政治人权的侵犯、武装冲突、个人危险七个方面详细考察了外高加索三国的人类安全状况，各个方面使用的衡量参数大致如表6－6所示：

表6－6　七领域指标法风险种类及衡量参数

风险种类	使用的衡量参数
经济风险	GDP的变化、人均GDP、影子经济的估计规模、零售价格的年均变动、总就业率、失业率、平均工资、贫富分层状况、国家贫困率、国家总负债、政府收入与社会支出（教育、健康、宗教、文化、住房、社会保障、福利等）、实际工资与养老金

续表

风险种类	使用的衡量参数
社会风险	健康、营养、住房与相关服务、教育；男女预期寿命、婴儿死亡率、五岁以下儿童死亡率、特选原因引起的标准死亡率、白喉肺结核艾滋病等传染病的发生率、生育死亡率、健康支出、不到官方医疗机构寻求治疗的原因、接种覆盖范围；肉类与土豆的消费比例、城市居民购买或自制主食的情况、体重不足与身高不足情况、与贫血有关的出生综合征、碘缺乏病状况；住房状况、安全水、电力与供热问题；基础教育人学率、高中教育总人学率、学前教育净人学率
人身风险	报道的总犯罪率、担心受谁的侵害
环境污染与自然灾害	地震、山崩与雪崩、洪水、干旱、空气污染物排放、食物污染、致电离辐射、噪音、表层水污染、油井泄漏、森林砍伐、农药污染、生物多样性、土壤侵蚀、土壤盐碱化、矿物垃圾、气候变化
公民人权与政治人权的侵犯	分性别总人学率、大学各学科一年级女生比例、女研究生所占比例
武装冲突	内战、族群冲突、有组织的恐怖活动
个人危险	每 10 万人道路交通事故死亡数、每 10 万辆客车道路交通事故死亡数、道路交通事故受害者分年龄段状况

作者制表。资料来源：Scott，2002a：7－81。

在后一报告的附件中，Wolf Scott 对其使用的七领域测量指标进行了汇总，并区分了优先指标与一般性指标。其中将经济领域的指标按照宏观经济指标与微观经济指标进行了划分，社会领域则分为健康、营养、居住、教育四大类，人身风险则取犯罪情况作为参照，具体如表 6－7 所示。

表 6－7　人类安全测量指标汇总

（优先指标用粗体标出）

宏观经济指标	1. 人均 GDP（包括影子经济的估算） 2. 通货膨胀（消费者价格指数） 3. 预算盈余/赤字占 GDP 的百分比 4. 人均公共收入 5. 人均社会支出 6. 失业率（包括那些心灰意冷而不就业者，区分那些长期失业者；可能的话，将影子经济中的就业考虑在内） 7. 就业不足率（包括那些没有或只有名义工资的名义上的就业者或非自愿的短期就业者） 8. 工资：平均工资、最低工资，以及它们是否与消费者价格的变动挂钩 9. 养老金：平均养老金、最低养老金，以及它们是否与消费者价格的变动挂钩

续表

微观经济指标（家庭层次）	1. 人均消费支出（或收入）低于特定绝对贫困线的家庭所占百分比 2. 食物总消费支出所占百分比 3. “至少有一名成员赚取工资或其他收入并足以养活全家的家庭”占“至少有一位成员就业的全部家庭”的百分比 4. “没有成员就业但接受社会福利并足以维持生计的家庭”占“没有成员就业的全部家庭”的百分比 5. 感觉经济安全的百分比（即对他们的就业与所得收入感到安全）
健康	1. 人均公共健康支出 2. 出生时的预期寿命 3. 婴儿死亡率 4. 生育死亡率 5. 可接种预防的疾病的发病数（特别是白喉、麻疹、百日咳、肺结核、破伤风、小儿麻痹症）（小儿麻痹症正在扑灭之中，可能将很快停止成为一个有效的指标） 6. 其他主要疾病（如疟疾）的新报告病例数 7. 艾滋病报告病例数 8. 一次分娩的实际花费占家庭总消费开支的百分比 9. 一次常规医疗门诊的实际花费占家庭总消费开支的百分比 10. 接受过免疫接种（BCG，DTP3，MCV，POL3，TT2）的小孩（一岁大小的儿童，但对于 BCG，世界卫生组织使用新生儿数目作为对象）遭受风险的百分比 11. 每 100 名新生儿流产数 12. 可获得计划生育服务的夫妇所占百分比 13. 对保健预防/治疗的措施表示满意的家庭（或个人）所占百分比
营养	1. 卡路里和蛋白质供给百分比（从食物平衡表计算） 2. 五岁以下儿童的身高比体重与年龄比身高数据（与健康的营养充足的标准人口相比） 3. 缺铁性贫血孕妇所占百分比 4. 母乳喂养其小孩到四个月大的妇女所占百分比（不含其他食物与饮料） 5. 碘缺乏病流行地区人口所占百分比 6. 在碘缺乏病区是否有往盐中加碘的综合性政府计划 7. 获得含铁妊娠包的孕妇所占百分比 8. 感觉营养安全的百分比（知道下一顿将从何而来）
居住	1. 居于设备齐全的永久性住处的家庭所占百分比 2. 一个成年人至少有一间房的家庭所占百分比 3. 拥有独立卫生间的家庭所占百分比 4. 拥有独立厨房的家庭所占百分比 5. 民用电的每天平均供应时间 6. 月电费占总消费支出的百分比 7. 能获得被检验为安全的饮用水的家庭所占百分比 8. 是否有居有权安全保护的制度措施（法律的或行政的） 9. 对现有居住权感觉安全的百分比 10. 对服务（电力、燃气、水、卫生设施）感觉安全的百分比

续表

教育	1. 每个学生的初级与中级教育公共支出 2. 私人教育支出占家庭总支出的百分比 3. 各层次的净入学率（学前教育、基础教育 5/6－14/15 岁、高中教育、高等教育）（如果可能的话，或为就学率） 4. 辍学率：进入小学一年级，仍留在国内但在完成基础教育（至少 8 年）之前离开教育体系（公立或私立）的儿童的比例 5. 不完全合格教师（依照国家的界定）的百分比 6. 就学于实行多班工作制学校的儿童所占百分比 7. 需要大修的学校（依照国家的界定）所占百分比 8. 冬天供热的学校所占百分比 9. 对儿童将获得足够教育感觉放心的百分比
犯罪	1. 每 10 万人中各种犯罪的报告数目（或，如果通过犯罪调查获得数据的话，则为遭遇各种犯罪的人所占百分比） 2. 罪犯被绳之以法的报告案例所占百分比 3. 认为由犯罪导致的不安全为他们面临的主要问题的报道人所占百分比
环境	1. 地震的数目与强度（对于地震易发国家而言） 2. 主要自然灾难（地震、山崩、雪崩、风暴、洪水）导致的伤亡人数 3. 能获得被检验为安全的饮用水的家庭所占百分比（与居住所列条目重复） 4. 病毒性肝炎病例数 5. 五岁以下儿童死于急性呼吸道感染的数目 6. 五岁以下儿童死于腹泻性疾病的数目 7. 主要空气污染物如一氧化碳、二氧化碳、二氧化硫、二氧化氮、挥发性有机化合物等的人均水平 8. 处于辐射性危险之中的人口所占百分比（只限于选定国家） 9. 用于环境保护与救济的人均预算资金（不含国际社会的资金） 10. 认为保护其免于环境与自然灾难的措施足够的人口所占的百分比

续表

公民与政治权利	(以下是关于哪些指标可以从国家状况进行建构的指导方针) 1. 主要国际公约的政府批准情况 2. 为符合批准的公约而对宪法与法律所做的修订情况(如组建宪法法院) 3. 行政程序的修改(如任命保护人权的政府监察官) 4. 通过公民社会、媒体、学校等对人权提供公共支持的情况 (很大程度上有赖于这些进程是名义上的还是实质性的。是否得到了有效的实施。标准是多种多样的,但统计数字很少。以下是提议的指标:) 5. 平均的等待审判时间(按控告分类) 6. 每年由政府监察官过问的案例数目 (如果得到了政府的支持其实施就会更加有效。否则,就不得不由反对派采取主动,涉及广泛的民主议题,包括反对派在这方面拥有的力量。可以包括以下指标:) 7. 是否有多党制度(即在国会中占有席位的政党数目) 8. 宪法与法律是否允许结社自由 (权利侵害可能采取随意拘捕、折磨或类似的有辱人格的对待、审判的拖延、审查制度,或其他形式的对合法集会或结社的禁止。没有提出相关的指标,因为即便有不时的统计数据,其有效性也令人生疑。没有哪个政府愿意通过发表警察的违规或其对公共出版物的审查项目等统计数字来公开地展示其失败。在缺乏客观标准的情况下,主观安全的指标将特别适合于这一领域,例如:) 9. 对其公民与政治权利感觉安全的人口所占百分比。民意测验中的问题可用于清楚说明言论自由、警察的随意干涉等各个侧面的情况 (这一节的例子表明,人权侵犯可能针对少数民族或弱势群体,包括性别歧视。相关的指标可以包括:) 10. 人口中的少数民族或族群所占百分比 11. 特别保护少数民族或弱势群体的人权法律条款 12. 特别保护少数民族或弱势群体的行政程序 13. 少数民族或弱势群体在立法机关、司法机构及政府执行机构的代表性 (最终的实施检验将是对少数民族与多数民族的经济与社会状况的对比测量)。
武装冲突	由于文章提出的原因(如 Box 1 所说),没有具有普世有效性的指标可资推荐。每一个潜在的不安全个案需要进行具体的分析
个人危险	1. 每 10 万辆汽车的交通事故数目 2. 每 10 万辆汽车的交通事故死亡人数 3. 私人汽车投保百分比 4. 道路改造(依照国家的界定) 5. 火灾导致的物质损失 6. 洪水导致的物质损失

作者制表。资料来源:Scott,2002b:93-96。

综合来看,由于这两个报告都是作者 Wolf Scott 应 UNDP 的邀请而写作的,其对人类安全的解释与测量指标的选择直接受到 UNDP 1994 年《人类发展报告》的影响。其贡献就在于对各个领域的具体测量指标进行了筛选与细化,推动了人类安全概念的实际应用。

（九）其他观点

除了上述各种测量思路与方法以外，还有一些学者提出了一些相对较为笼统的观点。例如，Sergio Vieira de Mello 曾提出，衡量人类安全的一个起点就是“免于恐惧之自由以及免于匮乏之自由”，其指标就是“二战”以来国际法宏大架构的四大砥柱——人权法、人道主义法、难民法与国际刑法——所列举的各种权利（de Mello, 2003）。这种主张与作者从权利视角来理解人类安全的思路密切相关。

最后，值得一提的是，Andrew Mack 在哈佛大学“人道政策与冲突研究项目”做访问学者期间，曾撰写过一份关于编纂年度《人类安全报告》的可行性报告（Mack，Andrew，2002），其目的在于描述与测量全球的人类安全状况。不过，他提出该报告将采用一种相对狭义的人类安全定义，即只集中关注有伤人身完整的暴力威胁及攻击（Mack，Andrew，2002：Appendix 2），因而其所提出的测量指标并不包含健康安全、环境安全等方面的内容，而集中关注与暴力有关的安全内容，这从他们新近出版的《2005 人类安全报告：21 世纪的战争与和平》中有着鲜明的体现（HSC，2005）。

（十）测量方法的反思

上述各种测量人类安全的方法能从不同侧面给人以有益的启示，但一个不容忽视的问题是，是否存在一套“放之四海而皆准”的衡量指标来度量那些具有千差万别的世界各国的“人类安全”呢？如果有，各项分指标在总计时又应该怎样分配权重呢？

这种疑难正如 Page 所言，难道我们可以只是因为民主和自主没有保障而认为那些生活于一个经济安全、军事安全的社会的个人不安全吗？果真是否如人们所言：生活于非民主社会的个人和社群就一定比那些有幸生于一个社会民主或自由民主的社会的个人和社群更不安全一些吗（Page，Edward. 2000）？因此，他提出，“人类安全”必须被严格限定在“那些使得个人和社群能够追求他们所认同的价值（无论它们为何）的基本条件”的框架之内。既然其中有些价值或许与自主、公民真正平等的理想相左，我们就不能将这些占主导地位的自由价值嵌入“人类安全”的定义之中。实际上，上述问题的症结所在就是没能将“安全的含义”（meaning of security）和“安全的价值”（value of security）区分开来（Page，Edward. 2000）。因此，在“人类安全”的测度这一问题上，学术界尚需进一步的探讨，尤其需要对其中涉及的价值问题进行综合性的、全球化的、多元化的思考。要构建出一个能被国际社会广泛认同的量度人类安全的框架，除了要在人类安全的界定、人类安全内涵的廓清等方面取得基本的共识以外，还需要一种开放的视野和文化相对主义的思维。

二、人类安全的实现途径

在探讨人类安全的测量之外，学者们也对应该如何在国家、区域及国际层次增进人类安全的问题进行了诸多思考，提出了形形色色的设想与建议。如果说人们对于人类安全的界定往往众说纷纭，对于人类安全的测量方法也各执一词的话，那么，在人类安全实现路径和策略的探讨上，则更多地表现为一种互补和修正而非分歧。综合国际社会各方的看法，实现人类安全的途径有发展、授能、制度建设等，有人还强调了宣传人类安全理念的重要性，另有人提出了女性视角的不可或缺，也有人提出了人类安全的实现离不开传统的集体制裁及武力等手段的观点。此外，一些学者探讨了实现人类安全的资源保障的问题，也有机构和学者提出了实现人类安全的具体对策建议和实现流程。

（一）实现路径

1994 年《人类发展报告》开宗明义，提出实现人类和平的途径只能是发展，因为“未来的冲突将经常在一国之内而非国家之间发生——其根源则深藏于日益突出的社会—经济剥夺和差距之中。在这种情形下，我们只能通过发展而非武力去追寻和平”（UNDP，1994：1）。由此扩展开去，发展也正是实现人类安全的重要途径。

人类安全委员会对于如何实现人类安全的论述也许最为详明。他们提出了一个基于“保护和授能民众”的框架。其中的“保护”（protection），涉及的是用以保护民众免于严重的、普遍的威胁的规则、程序和机构。它暗含的是一种“自上而下的方法”（top-down approach）。而国家负有建立保护的基础结构的首要责任。“授能”（empowerment）[①] 则强调民众是界定和实现其重大自由的行为者和参与者，它是一种“自下而上的方法”（bottom-up approach）（Ogata，2004）。两者都不能孤立对待，是一种相互促进的关系。因为受到保护的民众可以实施选择，被授能的民众则能做出更好的选择，并能积极地预防和减轻不安全的冲击（Ogata & Cels，2003）。

另有学者从制度建设的角度提出了实现人类安全的策略。其中最具代表性的就是 Kaul 提出的设立“人类安全理事会”（Human Security Council）的主张。他认为，为实现这一新概念的安全，应当在国家和国际的层次建立机构，负责监管人类安全并在其遭受威胁或受侵犯时采取必要措施。考虑到一些国家已有负责国防的“国家安全理事会”之类的机构，他因此建议考虑建立一个相应的跨部门的（inter-ministerial）“人类安全理事会”（Kaul，1995）。而在国际层次上也可以有同样的设想。Kaul 论述说，联合国安理会的首要和最重要的责任是保护世界和平，其主要关注的是单个国家间的冲突及国家领土安全，但是现在所发生的不同性质的冲突已迫使其处

① empowerment 一词尚无适当、确定而有共识的译名，曾使用过的译名有：赋权、充权、授权、授能、增能、灌能等。

理一系列与先前模式不相符的问题（Kaul，1995）。而这正是“人类安全理事会”缺失的结果。对于具体的操作，Kaul还提出了将“经济与社会理事会”（Economic and Social Council，ECOSOC）加以改造，以承担“人类安全理事会”职责的设想。首先，是重构其决策程序，使其成为一个有决策授权的论坛——就如政治性的安理会一样，并设计一套代表制的、政治上可行的投票程序。其次，要授权其监控全球的人类安全形势，行使“监控人类安全”、“发起预防性的发展措施”、“确保敌对的政治当局在设定的期限内做出必要的决定、采取必要的行动”的职责（Kaul，1995）。George MacLean也有类似的想法，他的建议是设置“联合国经济安全理事会”（the United Nations Economic Security Council），负责统筹所有国际社会与各国为实现“人类安全”目标所做努力的协调与整合工作。“联合国经济安全理事会”所负责项目的分工协调如表6－8所示：

表6－8　提议设立的“联合国经济安全理事会”的协调分工项目

协调分配	职责与活动
经济	债务管理；消除贫穷；投资；私营部门的发展；资本流通
发展与援助	海外发展援助；援助与贸易协调
健康与社会服务	传染疾病；移民与难民；保健；妇女与少数民族；食物获取途径
环境	土地退化；森林破坏；沙漠化；环境灾害
政治	人权；民主发展；多元主义；文化整合
安全	建设与维持和平；执法；冲突的预防与化解；非军事化与武器出口控制

资料来源：MacLean，2000：274。

亦有人认为采取集体制裁及武力是实现“人类安全”的必要手段。例如Kanti Bajpai认为，人类安全关乎保护个体的人身安全与自由免遭直接的与间接的暴力威胁，因此，人类发展与良好治理的提升，以及当确有必要时制裁与武力的共同使用，都对于人类安全的实现起着核心作用（Bajpai，Kanti，2000：48）。此外，Linda Basch与Charlotte Bunch都强调了宣传的重要性。Linda Basch在论述人类安全委员会的报告“Human Security Now”的时候就提出，这一报告的价值是有目共睹的，能为人类安全的实现做出有力的推动，但不容忽视的一个问题是，我们应如何确保该报告所论述的有价值的观点和理念被那些需要知道的对象——媒体、政府、国际组织及一些主要的国家组织、领袖们——所认识和了解（Basch，2004；Bunch，2004）。因为如果“人类安全”这一理念只是被有限的人、社群或组织所掌握和认识，那么其价值就要大打折扣了。Charlotte Bunch 除了强调宣传的重要性以外，还提出了其他两大议题。她的看法是，如果“人类安全”要成为一个有用的概念，第一大需要是让人们获知人类安全委员会的报告内容，第二大需要是检视政府在确保人类安全中所扮演的角色，第三大需要则是破除在美国十分盛行的对联合国的冷嘲热讽和不屑一顾（Bunch，2004）。Charlotte Bunch 还提出了女性视角在推动人类安全方面的作用。她提出，妇女从女权主义的视角出发构建的“人类安全”概念，可以弥补现存概念的不足，增进人们对“应采取什么样的行动创造妇女的人类安全”及“应怎样扭转种族主义、军国主义和战争所表明的根深蒂固的武力压制模式”的理解。如此一来，就为铺平实现人类安全的道路奠定了关键的基石（Bunch，2004）。

最后，有学者从实现人类安全的依托的角度出发，强调了地方层次（local level）[①] 和社群对于人类安全的促进所具有的重要意义。Kapuy 提出，由于威胁主要在地方层次上发挥其影响，因而在地方层次上也更容易找到一种更高效、更可行的摆脱威胁的方法（Kapuy，2004：6）。Caroline Thomas 则强调说，人类的大多数是作为某一集体的一分子追求人类安全的，这种集体最通常是家庭，有时是村庄，或由其他标准如宗教、族群、性别或种姓所定义的社群（Thomas，Caroline，2000：7）。

---

① 依据 Klaus Kapuy 的定义，地方层次就是“个人基础设施”（personal infrastructure）的最低层次。地方层次可以是一个土著群体，一个乡村社区，一个小镇、城市的一个区，或一个大的城市（Kapuy，2004：3）。

(二) 资源保障

考虑到实施一系列维护人类安全的行动需要相当的财力支持，人们也对于我们能否为“人类安全”埋单的问题进行了探讨。

Kaul对此做出了肯定的回答。他的根据是，依照联合国发展计划署与联合国儿童基金会（UNICEF）的估计，为满足所有人的保健、教育和信贷等领域的人类优先需求，2005年需要有300亿－400亿美元的额外开支。Kaul估算后提出，这一数目只要简单地通过改变开支结构就可以获得。例如，如果削减全球军费支出的3%，到2000年就会有4500亿或年均900亿美元的“和平红利”（peace dividend）（Kaul，1995）。

对于满足可持续发展——人类安全的第二个关键领域——的要求所需的规模大不相同的资源。不少学者也认为不成问题。这方面，1994年的《人类发展报告》有一个有趣的建议。它基于1981年诺贝尔经济学奖获得者James Tobin的调查（Tobin，1978），建议对所有国际通货交易征收微小的0.25%的税。由于每天有10000亿美元的交易额，一年下来这种“托宾税”可达1500亿美元（UNDP，HDR1994：69－70）。此外，该报告还提出了另一个可能的资金来源，就是引进可以买卖的环境污染许可证以筹措资金（UNDP，HDR1994：67－68）（Kaul，1995）。因此，多数人认为，钱不是实现人类安全的障碍，所缺乏的是各种主体在未来的10年里采取必要行动的政治意愿。

此外，正如Kaul所指出的那样，人类安全的很多方面是不需要财政费用的。恰恰相反，人类安全的确保事实上就是单个国家及国际社会的大笔财富。他举例说，埋一个地雷只需花区区3美元，但排雷的费用却高达300美元/个。因此，毫无疑问，“采取防御性措施从源头确保安全”比“问题发生后的事后应付”更为管用（Kaul，1995）。

（三）实现流程和对策建议

亦有学者从增进人类安全的具体流程的角度出发探讨了人类安全的实现问题，如 King & Murray（2002）提出，按照人类安全努力的事先和事后顺序，可以将增进人类安全的过程归纳为四部曲，即风险评估（risk assessment）、预防（prevention）、保护（protection）及补偿（compensation）。

UNDP 在 1994 年的《人类发展报告》中对于如何实现人类安全曾提出过具体的意见建议。报告认为，为有效应对构成人类安全的各种威胁，各种不同的行为者，包括国家、国际组织、民间国际组织、国际公民社会组织、社群和个人等，都要通力合作，除采取行动支持“人类安全”的理念外，也要改变各国的及国际的事关人民基本需求、就业、人权等方面的政策，采取预防性外交和预防性发展，并进行国际机构改革。而为了达到早期预防的目标，则可采用人类灾难“早期预警指标”（early warning indicators of human distress），其中包括犯罪率、道路交通意外事故次数、污染状况以及贫富不均等（UNDP，1994：38）。与此类似，前联合国人权高级专员 Mary Robinson 也认为，人类的不安全应该通过集体努力的策略来解决。为此，需要一个创造性的包括世界各国、非政府组织、行动集团的联盟与策略（Robinson，2004）。Sadako Ogata 女士则从和平、稳定、和谐的目标入手，提出了“停止冲突；重建遭受战争创伤的社会；协助人们在多元社群中共存”三项实现人类安全的对策，以“使人们生活于和平中”、“使人们生活于稳定中”、“使人们生活于和谐中”（Ogata，2000）。

人类安全网络组织于 1999 年 5 月在挪威召开了第一次部长级会议，该组织在会上提出，为了维护人类安全，应该集中应对如下七大议题：排除地雷；合作消除轻型武器；保护武装冲突下的儿童；切实履行国际人权及人道法；建立国际刑事法庭并完整实践罗马国际刑事法庭的规约；防止儿童受色情的污染；保护人道救援人员的安全[1]。

人类安全委员会则基于对冲突与贫困的六大领域的分析，提出了十大政策建议：

- 保护暴力冲突中的人们；
- 保护人们免于武器扩散的威胁；
- 帮助移民、难民以及国内难民；
- 建立基金应对战后问题；
- 鼓励公平贸易以造福穷人；
- 普遍提供最低生活保障；
- 优先考虑提供普世的基本保健；
- 建立一个公正的保护专利权的全球系统；
- 提供普世的基本教育；
- 从一种全球性的视角形成同情态度与伦理观（Commission on Human Security，2003；Ogata & Cels，2003）。

此外，在社会与经济领域，人类安全委员会强调将“妇女与女孩获得教育、保健及经济机会”作为授能民众的优先政策目标。对于如何改善农村的、传统的、像阿富汗这样被战争撕裂的社会中的妇女境遇，他们也提出了双重的解决方案：通过法律手段加强对妇女的保护，同时针对那些尚未被全球化运动所触动的大多数农村妇女，实施大规模的基础教育和基本保健项目（Ogata，2004）。

三、小结

依据马斯洛的需要层次论，安全需要是人类的最基本需求。因此，人类安全也应当是人类发展的最基本目标。从世界各国的实践来看，唯其有了人类安全的保障，才能获得长期有效的发展，所以

---

① Human Security Network，1st Ministerial Meeting，Norway，20 May 1999.

人类安全又是人类发展的前提保障。因此，无论从目的还是手段的角度来看，人类安全的测量与实现都是人类社会在前行过程中需要认真应对的一个基本问题。也正是由于这样的原因，这一主题才会引起国际社会的广泛关注，各种国际组织、政府部门以及 NGO 和众多学者纷纷发表言论，对人类安全的量度方法与实现途径等相关问题开展了热烈的探讨。

然而，由于“安全”本身与人们的主观感知息息相关，带有强烈的文化的、民族的、性别的、地域的、阶层的色彩，打上了形形色色的不同社会群体的文化价值观的烙印，因而人们对于如何界定人类安全往往有着十分不同有时甚至针锋相对的观点。人类安全认知上的这种分歧，也就直接影响到了人们对于应如何量度人类安全的看法。加上不同的分析者选用的角度不同、强调的安全重点不同，各方提出的人类安全测量方法也就色彩纷呈，难以取得广泛的共识。在这种前提下，如果要构建出一个被国际社会广泛认同的量度人类安全的框架，除了要在人类安全的界定、人类安全内涵的归纳等方面取得共识以外，尚需要以一种开放的视野和文化相对主义的思维，开展一种全球化的、多元化的综合性讨论。

然而，尽管人们在如何界定和衡量人类安全方面存有较多的分歧，但对于人类社会在时下面临的人类安全威胁的认知上还是具有较多的共同点，在需要采取共同行动增进人类安全的认识上也多有共鸣。因此，人们在探讨人类安全的实现途径方面有着更多的对话和合作，联合国各机构及各种国际组织、民间组织也发挥着更有效的协调和整合作用。或许在今后一段时期，一个比较现实的选择是，国际社会各方搁置概念和细节上的分歧，强化已有的共识，采取切实有效的行动，应对饥荒与贫困、环境污染、恐怖主义、艾滋病、吸毒贩毒、战争与难民等一些迫在眉睫的人类安全威胁，逐步地推动人类安全的实现进程。

第七章 人类安全的经验研究

人类安全概念系统提出以来，不少学者纷纷运用这一视角对一些国家或地区的人类安全进行了个案分析或比较研究。其牵涉的主要是非洲、东南亚、拉丁美洲等贫困国家比较集中的地区。涉及的区域有非洲、南部非洲、撒哈拉以南非洲、南亚、东亚、东南亚、中亚、西太平洋、巴尔干半岛、中美洲等①，涉及的国家则有卢旺达、南非、巴基斯坦、布基纳法索、印度、哈萨克斯坦、越南、老挝、柬埔寨、美国、塞拉里昂、印度尼西亚、缅甸、海地、日本、哥伦比亚、危地马拉、布隆迪、坦桑尼亚等②。

概括起来，这些文章分析了一些社会问题较多的国家所面临的人类安全威胁，并提出了相关的政策建议，或就其近年来增进人类安全的努力进行评介，总结其经验教训。但也有不少学者以发达国家为例，阐述了富裕国家的社会里面临的人类安全问题并提醒人们不要忘记任何社会都会存在这样或那样的人类安全威胁，差别只是程度不同或类型有异而已。例如，Wlaschütz（2004a）就提出，尽

① Rosegrant & Agacaoili, 1995; MacFarlane et al., 1994; Swaminathan, 1986; Devereux, 2000; Babu et al., 1994; Cheatham, 1994; Quinn et al., 1994; Barks-Ruggles, et al., 2001; Curley & Thomas, 2004; Lizée, 2000; Thomas et al., 2001; Evans, 2004; Glenn, 2003; Swatuk & Vale, 1999; Booth & Vale, 1997; Mulikita, 2000; Burke, 2001; Moller, 2000.

② Chossudovsky, 1999; Percival & Homer-Dixon, 1998; Rutinwa, 1999; Alderman, 1993; Reardon & Matlon, 1989; Seddon, 2003; Gervais, 2003; Lizée, 2002; Downie & Kingsbury, 2001; Mullings, 2004; Jain, 2001; Bhakti, 2000; Roesad, 2000; de Sherbinin, 1996; Kuroda, 2003; McIlwaine & Moser, 2003.

管澳大利亚比世界其他地区的不少国家要好得多，但诸如难民、社会隔离之类的议题也值得细加探究。Mullings（2004）通过其对美国国内政策的梳理及在纽约的实证研究，也得出结论说，美国社会中仍有不少人面临着难以克服的困难。

关于各国面临的人类安全问题，讨论较多的是环境灾难、流行病如AIDS与SARS、内战、政治暴力、种族清洗或压迫、外国入侵或驻军、跨境武器交易尤其是非洲的“钻石换武器贸易”、社会犯罪、社会排斥、宗教问题、经济危机、童工、人口增长、人口走私、难民等。

一、人类安全的国家与地区视角

已有的研究也表明国家及地区的视角之间存在鲜明的差异，如对于各主题的不同估量及对于政策与政治表现的不同判断等都有不同。

Derghoukassian主要依据联合国教科文组织（UNESCO）网站所提供的文件以及来源于其他地方的一些资料，回顾了在多种背景下的人类安全概念的建构，集中关注了国际与区域层次所做的努力，以及国家、非政府组织及个人在界定和实现人类安全的进程中所做的探索和付出的行动（Derghoukassian，2001：2）。概而言之，联合国促进人类安全的框架是通过UNDP报告的概念化进行界定的，并在联合国的不同行动领域（尤其是维和、人道主义干预以及难民议题）得以贯彻执行，就如各种专家在不同的演讲中阐述的那样。然而，1993年和1994年那种对于人类安全的原始热忱已经减退。这正如Villanueva Ayón所观察到的那样，尽管人类安全概念在秘书长的报告中得以提及，但它在千禧年峰会上并没有受到重视，也未在峰会的宣言中出现①。其原因有二：一是概念内在的不一致性；二是那些曾在联合国的全面改革背景下积极支持人类安全议程的国家丧失了热情（Derghoukassian，2001：3）。

Derghoukassian 的研究表明，在社会和经济结构面临严重问题以及那些未能巩固政治统治的地区，人类安全被更为积极地采纳与提倡。例如，在拉丁美洲，冷战的终结加速了当地的民主化进程、冲突假想的结束以及地区的整合，在地区的压倒性问题“贩毒”的背景之下，人类安全在区域论坛中获得探讨。然而，这些讨论总是围绕着更大的严重影响个人安全的社会与经济危机议题展开（Derghoukassian，2001：4）。他还发现一个十分有趣的现象，即当人们旨在从本质上改变对于社会现象的西方式理解的时候，人类安全也反映了一种文化模式。比如说，在南部非洲，就一些理论家而言，人类安全被视为一种可以使安全架构克服威斯特伐利亚国家体系的缺陷的基础概念而受到青睐。人类安全为亚太经合组织所用（APEC），它预见了以超越经济议程的方式进行地区整合的模式。尽管有许多的亚洲尤其是日本学者认为佛教哲学作为一种文化—宗教方法较之西方视角更适用于人类安全的探讨，这些国家的实际政策仍更多地与经济和社会发展走向相关（Derghoukassian，2001：4）。

此外，引发学者们深思的一个问题是，为什么加拿大等国家对于人类安全如此热衷？

Astri Suhrke（1999）将人类安全归结到加拿大、挪威等国家的“深嵌其中的人道主义”——这一观点又在很大程度上为 George Maclean（2000）所赞同，他认为加拿大对人类安全的热心反映了其对日益增长中的全球相互依赖性的敏觉。Suhrke 还认同另一种新现实主义的解释：人类安全政策为加拿大（如果不是其他国家）创造了“一种首先与联合国相区别的空间与国际角色”。此前的 Andrew

① Miriam Villanueva Ayón，“La seguridad humana：algunas repercusiones recientes en la agenda internacional，” Argentina Global no. 5（April-June 2001）Online edition at 〈http：//www. geocities. com/globalargentina/Vill02. html〉（original in Spanish，unofficial translation）.

Cooper（1995）通过对加拿大与澳大利亚的视角的共同点的考察（Hampson & Hay，2002：16），也得出了比较类似的结论。Khong（及其他人）推断说，加拿大对人类安全议程的热衷植根于其特殊的历史和环境——如果加拿大不算是一个“防火屋”，至少是相对地远离世界动乱并受到很好的治理。因此，“假如这个世界主要由类似加拿大的国家组成，则人类安全就可能获得一致的推崇；而那种实施这一议程所带来的纷扰也就能被大家所接受”（Khong，2001）（Hampson & Hay，2002：15－16）。Joe Jockel and Joel Sokolsky（2000－2001）则在历史视角之外强调了加拿大的历史认知在其中所起的作用，认为人类安全植根于加拿大的自我认知和历史，人类安全也正好契合了加拿大的大众神话（并很好地适合了加拿大有限的军事力量）。他们进一步将 Axworthy 表现出来的主动性归结为将加拿大的国防政策从“与军事不相干及战略中立”中解脱出来的期望。

亚洲的人类安全视角也获得了广泛的关注，其中关注较多的是日本的人类安全理念及其应用。例如，Bert Edström 考察了人类安全概念在日本的发展，以及不同的日本首相及其他重要政治家对人类安全的解释，并特别关注了小渊惠三所扮演的角色，及其试图将人类安全置于日本政策制定的核心的个人雄心（Edström，2003）。不过，也有研究表明，日本政府并不如他人想象的那样恪守着人类安全的政策原则，例如，Mieko Fujioka 在考察了日本政府对于国际人权讨论的反应之后，指出东京政府远没有遵从国际协定或制定人权领域的国内政策（Fujioka，2003）。与此观点类似，Neary（2003）也提出，虽然希望获得安理会常任席位的渴望解释了日本接受联合国人权标准并在国内实施的积极行动，但仍有迹象表明这些标准仅仅在有限的程度上被官僚精英内化到政策之中。就如 Peek（1992：217）指出的那样，“在日本政治精英的世界观的核心，存在对于国家主权的一种严格解释”，故而尽管日本政府在 20 世纪 90 年代有了明显的广泛的政策变化，但在一些事关国家主权的议题上，仍很少（如果有的话）向人权政策做出让步。因此，直到今天，日本政府只是很有选择性地接受了人类安全议程。Gilson & Purvis（2003）的解释是，在实际上，日本政府只是想借用这把“‘人类安全’保护伞”，以便加强其在当代全球社会的参与，故而并不会真正完全地以“人类安全”作为政府制定政策的核心参考。

与政府相比，日本非政府部门对于人类安全的热心则少有人提出异议，学者们的研究主要关注的是其在人类安全方面的活动与扮演的角色。例如，Kuroda（2003）研究了日本NGO在人类安全议程中的变化着的角色，详述了“公民与兴趣群体”是如何在政府将人类安全作为外交政策的优先议题之前，就在诸多层次上开展人类安全方面的工作的。文章还考察了变化中的国际与国内条件对这些活动的影响。Osa（2003）的文章则重点关注了非政府组织在国内外提供人道援助方面扮演的角色，文章集中关注了一些特定的组织，并探讨了其在难民领域开展人类安全工作的限制与可能性。

此外，Xavier Furtado（2000）考察了一些亚洲国家并报告了他们对于金融危机的特别反应。运用另外一种视角，Chris Cocklin and Meg Keen（2000）描述了南太平洋岛国的城市化为人类安全（或福祉）带来的威胁。这些例子说明，人类安全在微观层次的考察上呈现出了不同的特征（Hampson & Hay，2002：16－17）。

Charles Geisler and Ragendra de Sousa（2001）的研究则揭示了一个发生在非洲的“促进人类安全的努力事与愿违地酿成悲惨结果”的尴尬例子。他们考察了所谓的“生态征用”——为环境保护与恢复的目的而圈地——所造成的数以百万计的难民。“通常相互促进的人类安全与环境安全，也可能发生冲突”，他们如是说。环境保护无疑能增进——或危害人类安全。Thomas Jaye（2000）在一篇书评中指出，国家可能成为其公民的最大的敌人。他总结说，“个案研究证明，多数非洲国家所面临的不安全的主要根源在于差劲的治理及来自外部经济主体如国际货币基金组织的机构调整政策的压力”。上述论点及许多密切相关的认知标准差异——包含在关于“保护责任”的讨论之中——在干预与国家主权国际委员会的报告及背景研究中都有涉及（International Commission on Intervention and State Sovereignty，2001）。

二、非洲

对于非洲国家的人类安全研究多侧重由族群与宗教冲突导致的内战、战时性暴力、环境恶化、粮食危机等方面的内容。

例如，Lere Amusan（2001）对尼日利亚做了细致的研究，认为过去几十年以来，族群、宗教和环境问题是尼日利亚发展与安全的三大祸害，并强调了 Olusegun Obasanjo 总结的尼日利亚因上述因素而面临的九大人类安全问题：人口扩张；快速的沙漠化；完全依赖雨水灌溉的农业经济遭遇经常性的周期性干旱；缺乏合适的科技知识和可持续的人类发展；债台高筑、低水平的国内外投资；遍布冲突与战争；在地区合作和整合方面未能取得任何重要进展；不平衡与不公正的国际贸易体系；对疟疾、艾滋病和肺结核等致命疾病缺乏合适的治疗。Akpobibibo Onduku（2004）则分析了尼日利亚三角洲的人类安全两难处境，指出富产石油的尼日利亚三角洲时下正遭遇着社会问题与环境问题相交错的严峻挑战。认为在充斥社会与经济不平等的情形下，以及在普遍而极度的贫困氛围中，人类安全只能是空谈。

另外，Brown（2003）从国内、区域及全球维度分别论述了肯尼亚日益恶化的人类安全，并运用“新区域主义方法”（new regionalism/regionalisms approach，NRA）解释了这些不幸的发展趋势。H. John Harker 执笔的《苏丹的人类安全：加拿大评估团报告》对苏丹的人类安全现状做出了调查评估并提出了参考建议（Harker，H. John，2000）。Denov（2006）关注的是战时性暴力，从概念与实践两个方面考察了人类安全议题应对塞拉里昂冲突之后遭遇性暴力的女孩的困境的能力。她以三位女孩的亲身经历为例，认为尽管塞拉里昂通过事实与调解委员会、特别法庭等促进对个人和社区的保护，战时性暴力的受害者仍然生活在社会的边缘，这些机制并不能保证完全的保护、赋权、和解与公正。之所以如此，性别排斥是最明显的一个原因，女孩和妇女的那些独特需要大部分被忽视了。Mwangi（2007）则以世界上最具综合性的水利项目——莱索托高地水利项目为例，考察了水资源政治、生态破坏与人类安全的关系。该项目完成以后，每年将有22亿立方米的水从莱索托转移到南非水网。作为回报，莱索托将以南非发展援助的形式尤其是特许权使用费的形式获得收益。然而，由于水资源政治的缘故，该项目对于莱索托的人类安全却有着负面的影响。因为这是基于两国政治精英的水资源战略利益而达成的合作，它超越了对于莱索托社会与环境的考虑，因而导致了生态破坏，构成了长期的威胁，并同时破坏了受影响社区的日常生活模式，大多数被重新安置的人群再也无法享受到该项目建设之前的人类安全。

不过，对于多数人所奉行的从社会视角寻找非洲不安全尤其是各种冲突的根源的思路，也有学者表达了不同的意见。例如，Rutsch（2000）在对安哥拉与塞拉里昂等非洲国家发生的严重内战进行分析后指出，这些冲突是通过在反叛者控制的钻石区域内攫取的“冲突钻石”（conflict diamonds）[①] 获得资金的。因而，与以往人们想象的不同，非洲的武装冲突在很大程度上是由对国家自然资源财富的贪婪，而不是因为政治、族群或宗教冲突与不满引起的，其中“钻石换武器贸易”（diamonds-for-arms trade）更是扮演着举足轻重的角色。

更多的研究针对非洲所面临的人类安全挑战，做出了政策反思，

---

① 冲突钻石指产自那些由与国际公认的合法政府对立的部队或派别控制地区的钻石，被用来资助反对这些政府或违反安全理事会决定的军事行动。2000年12月1日，联合国大会一致通过了一项关于钻石在助长冲突方面的作用的决议，切断了粗金刚石的非法交易与武装冲突之间的联系，以此帮助防止和解决冲突（A/RES/55/56）。大会在审议这一议程项目时确认冲突钻石是致使非洲部分地区的残酷战争延续下去的一个重要因素，强调合法钻石有助于非洲大陆其他地区的繁荣与发展。在安哥拉和塞拉里昂，冲突钻石仍然是反叛集团争取安哥拉彻底独立全国联盟（安盟）和革命联合阵线（联阵）的经费来源，而这两个组织都在采取违背国际社会在两国恢复和平宗旨的行动。资料来源：http：//www.un.org/peace/africa/Diamond.html。

并提出了一些有针对性的意见建议。

McLean et al. 编辑的书《推进非洲的人类安全与发展：国家环境政策法案反思》从环境等角度详细论述了非洲的人类安全与发展（McLean et al.，2002）。由 Caroline Thomas、Peter Wilkin 主编的《全球化、人类安全与非洲经历》则从全球化的视角论述了非洲所经历的人类安全问题与挑战（Thomas & Wilkin，1999）。Njunga-Michael Mulikita 则论述了国际社会在提升非洲的人类安全方面应当扮演的角色，并重点阐述了 UNDP 的非洲统一组织“预防、控制及解决冲突机制”的能力建设项目。Mulikita 认为，国际社会需要认识到非洲的冲突与紧张的内部原因，并相应地选取干预行动，以增强非洲统一组织（OAU）及一些亚地区组织和公民社会组织维护和平的能动性。他的提议是，国际社会应当通过联合国体系的框架，强力地支持非洲本土机构的建设以提高预防冲突的能力，并从而增进非洲大陆的人类安全（Mulikita，2000：12）。

不少文献针对南部非洲的人类安全问题做了专门的论述。例如，Swatuk & Vale 的文章聚焦于南部非洲的地区和平与安全的障碍如主权争端、乡村贫困、快速的人口增长与城市化、水资源问题、生态破坏等，探究了南部非洲不安全的根源，以及为什么只有民主还不足以实现其 21 世纪的人类安全等问题（Swatuk & Vale，1999）。Bernedette Muthien 则以南部非洲为例，说明妇女安全是人类安全的重要一环，并从妇女的视角阐述将安全关注从武器与军队转向妇女日常人类安全需要的重要性（Muthien，2000）。而 Bollen et al. 则对南非大都市针对妇女的暴力做了专题研究，表明几近 60% 的妇女在晚上行走在自家附近街上时感到“非常不安全”，只有 5% 的妇女感到“非常安全”（Bollen et al，1999：78，75）。由于近些年来非洲的饥荒频发，不少研究聚焦于粮食问题。如，Jenny Clover 从自然灾害、冲突、结构性贫困、艾滋病、经济危机、政治因素、应对能力、全球化及 WTO 的影响等方面分析了撒哈拉沙漠以南非洲国家的粮食危机问题，并提出，应对这些粮食危机，必须将粮食援助与新的农业方法结合起来，同时预防和治疗艾滋病。WTO 需要立即进行重构以接纳更穷的国家积极参与其中，并对其提供更多的帮助，等等（Clover，2003）。

三、亚洲

已有的对于亚洲国家的人类安全研究集中关注的几个领域是经济危机、经济改革、基本人权、军费支出、传染病等方面，其中讨论较多的是金融危机及SARS流行等主题。这些研究或以单个国家为例，或以区域为例，关注了各自的突出问题。另有少量文献对部分国家的人类安全进行了综合性的测量与评估。

（一）国别经验研究

此类研究以单一国家为分析主体，涉及的大都是一些经济发展比较滞后的国家，如Wigberto E. Tanada（1999）、Aung Zaw（2000）、Majumdar（2001）、Jain（2001）等对菲律宾、缅甸、印度等国人类安全状况的研究。

Wigberto E. Tanada（1999）考察了菲律宾的人类安全现状，认为其实现人类安全的两大障碍是"时下的经济危机及（正在计划的）访问军队协定"。Aung Zaw（2000）对缅甸的研究则关注了政治压制的问题，认为其军政府以国家安全的名义所实施的监禁持不同政见者及镇压少数民族的行为正是人类安全的莫大威胁。Majumdar（2001）以印度为例，运用与传统的"家庭策略方法"有别的人类安全及人类发展观点讨论了该国的童工现象。Majumdar将儿童的福祉视为一种其自身的独立问题进行考察，认为儿童工作及未受教育不仅仅反映了父母的收入约束，更为重要的是，它反映了提供给公众的教育机会的缺乏。它们不仅仅是父母的功利主义计算的产物，也是公共政策和社会制度缺陷的后果。因此，在考虑解决童工问题的策略时，学校改革的观点及与此相关的拓展教育机会的视角应当更多地被纳入时下的政治与政策思考。考虑到一些儿童因工作负担而遭受的损害比其他儿童更多，作者依照性别（女孩与男孩）、地域（乡村与城市）、种姓（SCST 及其他）[①] 分出八类相互排斥并穷尽无遗的亚群体：乡村 SCST 男孩、乡村其他男孩、乡村 SCST 女孩、乡村其他女孩、城市 SCST 男孩、城市其他男孩、城市 SCST 女孩、城市其他女孩，分别计算了他们各自的人口比率、工作参与率、就学率。从中发现三大重要特征：男孩参加工作的比率大于女孩；乡村儿童参加工作的比率大大高于城市儿童；SCST 儿童参加工作的比率高于非 SCST 儿童。其中与种姓相关的影响以及更为显著的地域影响明显地超过性别的影响。然而，在儿童就学率方面，做为女孩的劣势要显著得多。换而言之，女性儿童即便更少地卷入狭义定义上的经济活动，她们也会面临失学的命运。作者还考察了 1987－1988 年印度各邦的童工统计数字，发现在同一个国家之内，也存在儿童参与工作比率的显著差异，如安德拉邦的数字高达 22%（乡村男孩），而喀拉拉邦却只有 4%，乡村女孩方面两者的数字则分别为 23% 与 3%（Majumdar，Manabi，2001：289－290）。

Jain（2001）则着重关注了如何增进印度的人类安全的问题。他在文章中分析了自 1991 年以来印度响应世界银行提出的建议而实施的撤销管制、自由化及新经济改革的进程，并考察了这些政策对于治理与行政改革等问题的影响，以及新出现的治理体系与经济改革在“减轻贫困、降低失业、提供福利活动这些提升人类安全的不可或缺的方面”上的成功程度。研究表明，一个主要的积极成就是 1994－1995 年的高达 6.3% 的经济增长率，而发生危机的 1991－1992 年仅增长 0.8%，通货膨胀率也降到了个位数，即低于 5%。作者因而认为，全球化、竞争性与自由化经由经济改革之门成为印度的助推器，经济改革是增进印度的人类安全的唯一选择方案。在此基础上，作者最后提出了一些希望印度政府采纳的在全球化及经济自由化的背景下应对治理的挑战及增进人类安全的政策战略。

① “SCST”类别指的是来自低种姓（Scheduled Caste and Scheduled Tribe）的童工。他们构成了历史地处于劣势的群体。

（二）区域经验研究

由于人类安全具有十分突出的国际性与区域性，更多的经验性研究以亚洲整体或东亚、南亚、中亚、东南亚等区域为分析对象。

Md. Ali Ashraf 从亚洲的视角论述了裁军与人类安全的问题，认为军费的过度支出既影响人们获得必要的保健服务和教育机会，也阻碍了未来的潜在生产力。人类安全有赖于可持续发展，而在亚洲，人类发展却深受军费支出的影响（Md. Ali Ashraf，1999）。Anthony Burke 则以金融危机后的亚洲为例，认为将“人类安全”操作化需要一种“改革安全学说、追求冲突的长期解决及全球经济体系结构与规则的‘以人为中心’的转变”的严肃承诺。他还通过对（后苏哈托时代的）印度尼西亚的个案研究表明，人类安全议程再也不能只限于福利与发展方面的议题，而将冲突、国家实践、民族认同或全球经济等更大的问题置之不理，因为冲突、人类安全与全球经济不平等深深地纠缠在一起（Burke，2001：237）。

东亚方面，Paul M. Evans（2004）考察了东亚的政府及组织对“人类安全”概念的解释与运用。Nicholas Thomas 等人则关注了亚洲的经济危机与西太平洋的人类安全，认为这一危机启示人们，地区的不安全并非由军事强国的干涉、或者领土争端的升级、或是意识形态的革命性颠覆所造成的，而是由未加控制的全球市场的运作所传递的，这种全球市场正是东亚的国家和地区发展策略所依赖的基石（Thomas et al.，2001）。

南亚方面，Islam & Malik 对 1970 – 1990 年间南亚国家斯里兰卡、巴基斯坦、印度、尼泊尔和孟加拉的关于粮食与营养、健康、福祉、教育以及政府支出的一些数据进行了回顾，认为这些数据表明了南亚的粮食安全与人类发展紧密相连。他们提出，当年世界上有将近一半的贫穷者以及超过一半的体重不足的儿童生活在南亚。且家庭内部的食物分配往往对妇女和儿童不利，在南亚的农村地区尤其如此。因此，必须从不同的战线开展与粮食威胁的斗争。在公共政策方面，包括通过宏观经济政策及产业政策的改革确保国家的粮食供应，以及为家庭层次的收入增加创造机会等内容。最重要的是，粮食安全政策必须与那些提供基本保健、公共卫生、受教育途径等的公共政策密切相联系（Islam & Malik，1996）。此外，Adil Najam（2003）从南亚的视角考察了环境、发展与人类安全的关联，强调了环境保护与社会经济发展对于人类安全的基础作用。

另有不少学者撰文论述了东南亚的人类安全，涉及金融危机、SARS 流行、资源争夺、社会转型等主题。例如，Kamal Malhotra 以湄公河下游为例考察了资源冲突引发的人类安全问题。Malhotra 认为，发生在东南亚大陆及其主要的亚区域（如湄公河下游）的自然资源争夺提供了与人类安全有关的后冷战冲突的丰富例子。虽然亚洲金融危机将减少这一地区的金融资源以及对于大规模公共与私人基础建设投资项目的需求，削弱其投资能力，从而可能会减少这种冲突。然而，从另一个方面来讲，这场危机也可能使得对于日益稀缺有限的自然资源的争夺加剧，因为存在这种趋势或者说绝望的挣扎，即东南亚各国政府希图利用其自身剩余的自然资源以及邻国的资源来渡过难关（Malhotra，1999：387）。此外，Pierre P. Lizée 以越南、老挝、柬埔寨为例对东南亚的人类安全理念进行了探讨。他提出，“人类安全”概念似乎是作为东南亚公民社会组织的一种战斗口号而出现的，因为它为这些组织提供了一种强有力的对抗“以国家为中心的经济和政治发展模式”的理念，这种模式在最近几十年来主导了该地区的发展。其中的泰国、印度尼西亚等国家因公民社会理念与人类安全理念有强烈共鸣，因而关注者较多，但越南、老挝、柬埔寨常被忽略，因而 Lizée 特别以三者为例，探讨了其最近时期发生的政治自由化、社会自由化、民主化等变化，并对三个国家的人类安全发展做出了展望。他的观点是，柬埔寨经历了冬去春来，可以对其人类安全的发展持谨慎乐观的态度，而越南和老挝虽然在推进人类安全方面有所起步，其前景却没有柬埔寨那么乐观，越南更是呈现出一种有点复杂的图景。他最后总结说，印度支那这三个处于转型阶段的经济体，确实需要运用一种新的国家—社会关系进行深刻的政治重组以更好地推进人类安全（Lizée，Pierre

P.，2002）。另外，Curley & Thomas 从“人类安全”的视角考察了 SARS 在东南亚的传播及其影响。他们想表明的是，在这一情况下运用“人类安全”概念作为分析工具，不仅能使人们更好地理解 SARS 对区域内国家的冲击，而且能推动人类安全模型的概念化（Curley & Thomas，2004）。

对于中亚人类安全的研究可以说是近年来的一个新焦点。为探讨中亚的人类安全问题与对策，国际社会于 2002 年 4 月 22－24 日在土库曼斯坦召开了“中亚转型与人类安全”圆桌会议，探讨如何应对转型期的人类安全威胁的问题。与会者提出，人类安全方法与中亚未完成的双重议程“向民主政治体系过渡、向公平有效的市场经济过渡”相关，增进中亚人类安全的战略需要在短期和长期目标之间取得平衡，需要多部门、多层次的配合与努力（Tadjbakhsh，2002a）。为了系统了解中亚国家面临的人类安全挑战，UNDP 还委托 Wolf Scott 编写了中亚地区（包括哈萨克斯坦、吉尔吉斯斯坦、塔吉克斯坦、土库曼斯坦、乌兹别克斯坦）的人类安全测量报告，详细考察了这些国家的人类安全现状与存在的问题（Scott，2002b）。此外，John Glenn 也专门关注了冷战后中亚的人类安全问题，认为自苏联解体后，中亚国家的人民的福利急遽下降。他因而认为，为确保地区的稳定，需要有当今时代的“马歇尔计划”来帮助提高中亚的人类安全（Glenn，2003）。Foroughi（2007）则关注了后共产主义时代中亚的人类安全，重点分析了中亚地区尤其是塔吉克斯坦自 1991 年获得独立以来所面临的挑战，以及他们在 21 世纪头一个 10 年面临的新老社会经济与政治议题。探讨了政府及国际组织所倡导的减除贫困的政策方针与目标是否可行的问题，及私有化、土地改革对塔吉克斯坦的人类安全的影响。

四、欧美等地

（一）美洲

对于美洲的人类安全研究涉及军事斗争、贩卖毒品、人口增长、福利改革、社区人类安全体验等方面的内容。

de Sherbinin（1996）重点关注了人口问题，他以海地为例分析了人类安全与人口增长的相关性。Joy Olson 关注了拉丁美洲的美国军事项目对人类安全的影响（Olson，2002）。MacFarlane & Weiss 则以中美洲为例，讨论了世界组织与区域组织作为和平和安全提供者的问题，对 20 世纪的世界主义与地区主义、联合国的困难、地区主义的理论优势开展了探讨（MacFarlane & Weiss，1994）。Mahoney & Pinedo（2007）则关注了人们的主观感受。他们的研究以美国及哥斯达黎加的中等及下等阶层社区为对象，基于联合国提出的人类安全的七大领域——经济、食物、健康、环境、人身、社区及政治安全——提出了一个自我报告的问卷，以探究安全体验如何与个人所居住社区的社会经济状况、所在国家的情绪思潮与和平文化等相联系，并考察有哪些个人因素影响着人们在不同社区中的安全体验。他们的结果显示，人类安全的体验依赖于国家的情绪思潮更甚于社会经济状况，从社区样本来看，一大部分的人类安全有赖于来自家庭与朋友的支持。

由于哥伦比亚特殊的国情，一些文章对其给予了特别关注。例如，Isacson（2002）探讨了由游击战、政治暴力引发的哥伦比亚国内的人类安全危机。Wlaschütz（2004b）则集中关注了 Herfried Münkler 所称的“新型战争”对哥伦比亚人类安全的影响。认为这些“新型战争”并不是主要地与政治权力相关，而是由军阀、贩卖毒品或武器者等人的特别的个人利益造成的。由于结束战争将使他们失去大多数的收入来源，这些当事者对于结束战争毫无兴趣。这种特征十分明显地对于受牵连的社会的人道主义状况有着灾难性的影响。

此外，亦有研究关注美国的人类安全问题。Mullings（2004）于2001－2002年开展了一项关于福利改革的效果的研究，通过对美国纽约曼哈顿全部8个“职业中心”（以前的福利中心）的200个申请或已经接受公共资助的个人的非随机抽样调查及座谈会、个案访谈了解到，对于教育及全职的持久工作的渴望是这些人关注的主要议题。通过对美国其他国内政策的全面梳理和研究，Mullings还得出结论说，美国社会中仍有不少人面临着难以克服的困难，食物不安全是一个主要问题，无家可归也是一个严重的问题。并认为霍布斯[①]思想特别地危及了妇女尤其是贫困的所有民族妇女，因为其导致了一连串的滥用权力，以便为爱国者法案铺平道路，此外，她还提出了美国的黩武主义危害人类安全的观点。

值得补充提出的是，也有人经过实证研究，对人类安全这一概念的普世性提出了质疑。例如，Bonner（2008）就基于对阿根廷这一有着长久独裁主义历史的国家的个案研究，认为其主要的安全挑战是重新定义安全力量的角色。军队必须避免卷入国内的安全议题，而警察也需要在民主而非战争的约束之内来重新定义安全。因此，他得出结论说，对在国际社会中交流宽泛安全目标的重要性与紧迫性而言，人类安全概念是一个十分有用的工具。然而，就拉丁美洲来说，我们有重要的理由对接受这一概念保持谨慎，还需要考虑历史背景与概念框架这些关键的因素。

（二）欧洲

欧洲方面的人类安全探讨集中关注了两个方面的内容，一是冲突地带及转型国家的人类安全问题，二是欧盟的人类安全理念

① 霍布斯·托马斯（1588－1679），英国政治哲学家，他的著作《利维坦》（1651年）表明了其人类的本质是自私的观点。

问题。

由于外高加索国家（亚美尼亚、阿塞拜疆、格鲁吉亚）尽管在近年来大体已从早期过渡岁月当中的内战和其他战争中恢复过来，并获得了一定程度的政治稳定，但苦难仍在持续。为详细考察其人类安全状况，Wolf Scott 在 UNDP 的资助下，编写了外高加索地区的人类安全报告。作者在其中特别关注了该地区的弱势群体的人类安全，分析了国内流离失所者（Internally Displaced Persons，IDPs）与难民的人类安全状况，使用的参数包括：IDPs 与当地居民的营养状况对比、难民与常住人口的贫困水平对比、IDPs 就业情况、政府帮助前后 IDPs 的实际收入估算、IDPs 住宿状况、对各种人在危机中给予帮助的信心度（Scott，2002a：81－90）。此外，Møller（2000）曾对 20 世纪 90 年代以来的巴尔干冲突进行了研究，认为其恰好提供了安全追求的错综复杂性的丰富例证，并以此为例，论证了国家安全、社会安全与人类安全的密切联系，作者由此得出结论说，我们需要一种综合性的安全观（Møller，2000：36）。Friman & Reich（2007）则关注了西巴尔干地区的人口贩卖，认为尽管调查在不断深入，政府、非政府组织、国际组织之间的对话在加强，这一地区仍存在解决这一问题的严峻挑战。其中一个重要的问题是，反贩卖的努力忽视了人类安全的宽泛议题，只是聚焦于狭窄的用法律来规范刑事犯罪以及加强边境控制的方法，而对那些使得脆弱人群冒险贩卖人口的社会经济驱动力不予重视。

对于欧洲应当奉行怎样的人类安全政策等问题，也在欧盟框架内有过探讨。2004 年 9 月 15 日，一个由各国高官和学者组成的“欧洲安全能力研究小组”，就正式提交了《欧洲人类安全理念》报告，系统推出了欧盟的安全战略理念，这种理念以奉行多边主义和人道主义干预为主导，与美国推行单边主义、用战争消除安全威胁的做法形成对照。报告还提出建立一支 1.5 万人的名为“人类安全志愿者服务队”的混合干预部队，参与地区冲突的预防、干预和事后处理，并为各成员国和欧盟共同外交政策协调提供依据（梁晓华，2004）。对于欧盟外交框架下的人类安全问题，Gold（2004）

曾撰文论及，认为对于欧盟而言，时下需要应对评估其自身内外政策对于人类安全的影响等四大问题。Fouinat（2004）、Kitt（2004）等则对欧盟东扩后的对外关系与人类安全问题进行了专题讨论。

（三）其他地区

此外，也有少量涉及大洋洲人类安全的研究文献。例如，Michael J. Edwards（1999）考察了西南太平洋岛国的气候变化与人类安全的联系。认为气候变化的一种最坏的后果已经呈现，它预示着在所有的太平洋岛国，由于气候变化及与之相联系的海平面上升的冲击，其土地将会丧失或者变得不宜居住。Maley（2001）则讨论了人口走私与澳大利亚的阿富汗新难民的问题。认为将安全“威胁”及“控制”作为主权的一种维度加以过分关注的思想已经主导了澳大利亚对于人口走私的反应，其后果是可怕的：不仅弱势群体的人类安全被忽视了，而且人口走私恐慌所导致的刻板的简单的政策反应似乎难以有效地阻止人口流动，并有唤起人们对早前的澳大利亚排斥政策的记忆、不利于澳大利亚对外关系的危险（Maley，2001：351）。

还有一些研究涉及了全球的多个地域。如 McNeil & Stark（2001）就对东南亚、拉丁美洲以及加勒比海的环境变迁与环境安全进行了探讨，关注了尼加拉瓜、海地、哥伦比亚、墨西哥、危地马拉、巴拿马、菲律宾、印度尼西亚、泰国、中国、湄公河流域、泰国湾、南中国海等地方的环境问题，包括南中国海与加勒比海日益减少的鱼类，等等。

五、专题研究

除了上述针对特定国家或地区的人类安全的研究以外，尚有一些文献运用计量统计方法，考察了特定变量与人类安全或人类安全某一维度的关联。比较有代表性的是 Islam & Malik（1996）对粮食安全与人类发展的关联的研究、Stephen J. Scanlan（2001）对军事化与粮食安全的研究、Blanton（2001）对武器进口与人类安全水平的研究，以及 Page & Redclift（2002）对民主与环境安全的关联的研究，等等。

（一）粮食安全与人类发展、军事化

Islam & Malik 的文章回顾了 1970－1990 年间南亚国家的粮食与营养、健康、福祉、教育以及政府支出等方面的一些数据，并以其为基础做了关联性研究，得出了南亚的粮食安全与人类发展息息相关的结论。他们采用的是国际农业发展基金会（International Fund for Agricultural Development，IFAD）发表的用来评定粮食安全、贫困、基本需求供给、总体人类福祉等的基本指标（Jaizairy，Mohiuddin and Panuccio，1992）[①] 的一套指数，包括粮食安全指数（food security index）、综合贫困指数（integrated poverty index）与基本需求指数（basic needs index）以及相对福祉指数（relative welfared index，RWI）。RWI 由前面三种指数合成，以将粮食安全及基本需求与健康和教育联系起来[②]。文章所用的变量数据大多来自世界银行、国际农业发展基金会以及联合国的出版物，所考察的时期大致均匀分布在 1970－1992 年中的五个点上。这些数据涉及人均 GNP、人

---

① Jaizairy，I.，Mohiuddin，A. and Panuccio，T. 1992. The State of World Rural Poverty：An Inquiry into Its Causes and Consequences. Rome：International Fund for Agricultural Development.

② 各类福祉指数的计算方法如下：粮食安全指数包含以下变量：人均日卡路里供应占必需量的百分比、人均每日能量供应的年增长率、粮食产出指数、自足比（self-sufficiency ratio）、产出波动率（production variability）、消费波动率（consumption variability）。

综合贫困指数包括以下变量：人均国民生产总值、收入差距比（the income-gap ratio）、人均国民生产总值年增长率、贫困线以下农村人口所占百分比、出生时预期寿命。

基本需求指数包括以下指数与变量：教育状况指数（成年人识字率、初级学校入学率）、健康状况指数（医生人口比、婴儿死亡率、缺乏医疗服务、安全饮用水及卫生设施的乡村人口百分比）。

相对福祉指数是包含了粮食安全、综合贫困以及基本需求指数在内的汇总性的量度标准，它是衡量福祉的一个绝对的也是相对的指标（Islam & Malik，1996：255）。

口、个人健康与福祉指标、卡路里与蛋白质消费、寿命预期与婴儿死亡率、医疗可获得性、人体测量数据、教育与读写能力等方面。他们据此分析，结果表明斯里兰卡排在最前，后面依次是巴基斯坦、印度、尼泊尔和孟加拉。这一结果与政府支出的分配密切相关。因为在1990年之前的20年间，斯里兰卡、尼泊尔和孟加拉平均用于国防的政府预算只占4% -8%，而印度和巴基斯坦这方面的支出却分别达20%与34%。这样，巴基斯坦用于国防的支出是其医疗保健支出的30倍左右，而印度在国防方面的投入是其教育投入的10多倍。作者因而认为，政府支出在国防、医疗保健、教育等方面的分配情况与总体人类福祉息息相关（Islam & Malik，1996：255 - 260）。

Stephen J. Scanlan则对由来已久的“大炮对黄油”（Guns versus butter）争论做了延伸的讨论，从一个颇为独特的视角考察了经济军国化、社会军国化以及政治军国化①对粮食安全的分配一环的影响及其与欠发达国家的发展与安全的联系，其研究结果发现，政治军国化和社会军国化增进了粮食安全，而经济军国化与军事饥荒则降低了粮食安全。作者使用了“粮食供应的相对充裕度、儿童营养水平”这两个指标来衡量粮食安全，使用军事参与比率（military participation ration）、军事依附度（military dependency）、军事支出、武器进口、内战的存在等来衡量军事化变量。并使用了“经济发展、经济增长、人口压力、粮食市场的全球化”四大控制变量。其建立的最小平方回归模型（见表7 -1）显示，经济发展、经济增长、军事参与比率、军事依附度这些变量都呈正相关并表现显著，而军事支出、武器进口、内战的存在这些变量都呈负相关。作者因此得出结论说，粮食安全与军事化的关系不能简单化为单一的正面或负面

① 按照斯德哥尔摩国际和平研究所（The Stockholm International Peace Research Institute）的定义，“军国化”（militarization）是指“国家军事潜力的增长……通常伴随着军事机构在经济、社会及政治领域的国家事务以及在国家事务中所扮演角色的不断提升”（SIPRI，1982：383）。Bullock & Firebaugh（1990）将“经济军国化”定义为军事开支的增长，“社会军国化”则是指军事人员在总人口中所占比例的增长（Scanlan，Stephen J.，2001）。

的影响，这有赖于所考察的军事化的具体类型（Scanlan，Stephen J.，2001：344－347）。

表7－1 经济发展水平、经济增长、人口压力、全球化及军事化与粮食充裕度及儿童营养水平的回归分析①

变量	粮食充裕度模型 beta （S. E.）	儿童营养水平模型 beta （S. E.）
粮食充裕度滞后值	0.25 （0.15）	
儿童营养水平滞后值		0.71*** （0.06）
经济发展的对数水平	3.72*** （1.14）	2.13* （1.13）
经济增长	7.72*** （2.27）	7.91*** （2.06）
年龄供养率变化	－0.19 （.66）	0.55 （0.82）
粮食进口比率变化	－0.01 （0.09）	0.04 （0.06）
军事参与比率	0.06 （0.05）	0.07 （0.05）
军事支出/GNP	－33.60** （15.85）	－5.24 （13.79）
武器进口/GNP	－0.02** （.01）	－0.01 （0.01）
军事依附度	1.53×10^{-3}** （6.27×10^{-4}）	1.61×10^{-4} （6.31×10^{-4}）
内战的存在	0.43 （1.54）	－2.78* （1.44）

① 粮食充裕度模型的样本包括阿尔及利亚、安哥拉、阿根廷、孟加拉、玻利维亚、巴西、缅甸、喀麦隆、中非共和国、乍得、智利、哥伦比亚、刚果、哥斯达黎加、多米尼加共和国、厄瓜多尔、埃及、萨尔瓦多、埃塞俄比亚、危地马拉、海地、洪都拉斯、印度、印度尼西亚、伊朗、伊拉克、牙买加、约旦、肯尼亚、利比里亚、马达加斯加、马拉维、马来西亚、马里、毛里塔尼亚、墨西哥、摩洛哥、莫桑比克、尼加拉瓜、尼日尔、尼日利亚、巴基斯坦、巴拿马、巴拉圭、秘鲁、菲律宾、卢旺达、沙特阿拉伯、塞内加尔、塞拉里昂、索马里、韩国、斯里兰卡、苏丹、叙利亚、坦桑尼亚、泰国、突尼斯、多哥、乌干达、乌拉圭、委内瑞拉、扎伊尔、赞比亚及津巴布韦。儿童营养水平模型的样本与此相同，但韩国因缺乏因变量数据而没有包括其中。

续表

变量	粮食充裕度模型 beta （S. E. ）	儿童营养水平模型 beta （S. E. ）
常数	48.89	18.48
样本数 调整后的 R^2 F 值 （概率值）	65 .57 9.38 （0.0001）	64 0.86 40.94 （.0001）

* 在 10% 的水平上显著　** 在 5% 的水平上显著　*** 在 1% 或更大的水平上显著

（Scanlan，Stephen J.，2001：343）。

（二）武器进口与人类安全

世界各国对传统安全的追求的一个典型措施是加强军事力量，其中包括许多发展中国家不惜耗费大量外汇进口先进武器以增强威慑力的举措。随着人类安全理念的日益兴盛，学术界对这种传统的安全策略进行了反思，其中一个典型的例子是 Shannon Lindsey Blanton（2001）采用计量方法所做的分析。该文对发展中国家的“武器进口与随后的人类安全水平的变化之间的关联”进行了跨国评估，以考察武器转移①（arms transfer）与第三世界国家的安全追求之间的关系的性质。文章运用一种聚合时间序列横截面设计（a pooled time-series cross-sectional design），考察了人类安全状况与武器获取行为的模式，涉及 91 个发展中国家自 1981 年至 1995 年这 15 年间的资料。

作者对各种变量的具体计算方法如表 7－2 所示：

---

① 武器转移是一个比较笼统的名词，因为把武器租借或赠予他国都算是转移，而并不仅限于出售。

表 7－2　人类安全状况与武器获取行为

武器转移	武器进口	采用美国军备控制和裁军署（ACDA）出版的《世界军事支出与武器转移》（*World Military Expenditures and Arms Transfers*）的数据进行衡量。
人类安全变量	自由民主	从两大数据源中获取信息以创建一种民主指数。其一是 the Polity 98 data set，聚焦于国家政体的权力结构。其二是 the Freedom House index of political rights。权力结构与政治权利的数据都被重新量度，并将两者加以平均，获得六点民主指数，最低为 0，最高为 5。
	人身完整权	所用的数据起初是通过对 the Amnesty International and State Department reports（见 Gibney & Dalton，1996）① 的内容分析得来。基于这两种数据所得的标度为 1－5，1 表示一种低程度的镇压，分数越高，表示镇压程度越深。通过将两种分数平均获得一个单一的指数。
	人类发展	采用期望寿命与识字率方面的数据衡量人类发展。为克服共线性（collinearity）的问题，每一变量的数值被转换为一种 z-score，然后平均，产生一个单一指数。分值越低，表示人类发展水平越低。
控制变量	国内武器生产	采用一种虚拟变量以表示既定年份国内武器生产能力的有无。这一指标所用的数据通过综合一些相关主题的文章（Looney，1989；Deger，1986；Evans，1986）② 的资料编制而成。
	外部冲突	1981－1992 年的数据采自 J. David Singer and Melvin Small 的 Correlates of War Project（1994）③。外部冲突变量表示一个国家某年卷入国际战争或他国内战的月份数目。由于其数据只到 1992 年，所以其余年份的数据采自 Wallensteen and Sollenberg（1997）④。但该文没有提供准确的冲突开始与结束日期，因此没有冲突时该变量被记为 0，有则记为 12。

① Gibney, Mark and Matthew Dalton. 1996. "The Political Terror Scale." pp. 73－84 in *Human Rights and Developing Countries*, edited by David L. Cingranelli. Greenwich, CT: JAI.

② Looney, Robert E. 1989. "Internal and External Factors Effecting Third World Military Expenditures." *Journal of Peace Research* 26: 33－46; Deger, Saadet. 1986. *Military Expenditures in Third World Countries*. London: Routledge and Kegan Paul; Evans, Carol. 1986. "Reappraising Thrid-World Arms Production." *Survival* 28: 99－118.

③ Singer, J. David and Melvin Small. 1994. *Correlates of War Project: International and Civil War Data*, 1816－1992. Computer file. Ann Arbor, MI: J. David Singer and Melvin Small Producers, 1993. Ann Arbor, MI: Inter-university Consortium for Political and Social Research Distributor, 1994.

④ Wallensteen, Peter and Margareta Sollenberg. 1997. "Armed Conflict, Confict Termination and Peace Agreements, 1989－1896." *Journal of Peace Research* 34: 339－358.

续表

武器转移	武器进口	采用美国军备控制和裁军署（ACDA）出版的《世界军事支出与武器转移》（*World Military Expenditures and Arms Transfers*）的数据进行衡量。
控制变量	内部冲突	1981－1992 年的数据采自 J. David Singer and Melvin Small 的 Correlates of War Project（1994）。内部冲突变量表示一个国家某年经历自身内战的月份数目。其余年份的数据采自 Wallensteen and Sollenberg（1997）。没有内战时该变量被记为 0，有则记为 12。
	感知的不安全	采用了两种变量以评估感知的不安全的潜在影响。其一表示某国在此前 5 年里是否卷入了外部冲突，其二则表示某国是否卷入了内部冲突。这些虚拟变量的赋值基于 Singer and Small 的 Correlates of War Project（1994）。
	匮乏	采用了人均 GNP 以及人口数作为匮乏的指标。人均 GNP 使用 1991 年固定美元测量，数据采自美国军备控制和裁军署（ACDA）出版的《世界军事支出与武器转移》（*World Military Expenditures and Arms Transfers*），并取对数以纠正偏斜。人口数据同样采自上述文献。
方法	聚合时间序列横截面设计	

作者制表。资料来源：Blanton，Shannon Lindsey，2001：244－250。

为衡量武器转移对于人类安全的多种维度的影响，Blanton 分别使用了三个模型，其因变量分别为民主、人身完整权侵害、人类发展。计量结果如表 7－3 所示：

表 7－3　武器进口与人类安全，1981－1995 年

	民主	人身完整权侵害	人类发展
武器进口⁺	-0.06** (0.01) -3.89*	0.04 (0.01) 4.28*	-0.01 (0.004) -1.24
国内武器生产	0.70 (0.28) 2.47*	0.40 (0.09) 4.60*	0.66 (0.08) 7.74*
外部冲突	-0.01 (0.01) -1.28	0.03 (0.01) 3.24*	0.001 (0.003) 0.35
内部冲突	-0.02 (0.01) -2.08*	0.04 (0.01) 3.91*	-0.01 (0.002) -2.91*
感知的不安全－外部	-0.17 (0.09) -2.04*	0.22 (0.08) 2.86*	0.08 (0.03) 2.96*

续表

	民主	人身完整权侵害	人类发展
感知的不安全 - 内部	0.05 (0.12) 0.38	0.84 (0.11) 7.84 *	-0.10 (0.04) -2.53 *
匮乏 - 人口	0.003 (0.002) 1.33	0.00004 (0.0003) 0.14	-0.0001 (0.0002) -0.64
匮乏 - 人均 GNP +	0.08 (0.02) 3.60 *	-0.12 (0.02) -5.55 *	0.13 (0.02) 7.94 *
常数	0.81 (0.18) 4.51 *	3.14 (0.13) 23.93 *	-1.09 (0.10) -10.98 *
Wald X^2 N 1365	51.52 *	363.85 *	211.45 *

** OLS Coefficient with panel-corrected standard errors in parentheses, followed by t-statistic.

+ Logged variable.

* .05 significance for a two-tailed test.

(Blanton, Shannon Lindsey, 2001: 251).

这一结果表明，首先，武器进口与民主这一人类安全成分有着显著的负相关，控制变量中的“国内武器生产”及“人均 GNP”与民主有着正相关，然而，“内部冲突”以及“感知的外部威胁导致的不安全”并不有益于民主，而可能在事实上增强军方的社会角色。其次，武器进口与人身完整权侵害呈正相关。与从国外进口武器一样，国内武器的生产也似乎妨碍了对人身完整权的尊重。同样地，外部的及内部的冲突，以及由此类冲突导致的感知的不安全，与增长的人身完整权压制有关联。人均 GNP 与人身完整权侵害的负相关关系表明，GNP 上升，则人权侵害减少。最后三，尽管武器进口与人类发展之间存在一种负相关，经验估计并不能满足统计显著性的标准。因此，在武器进口与这一人类安全成分之间没有发现什么关联。而国内武器生产与人类发展有着正相关，更高水平的人类发展与更高水平的人均 GNP 相伴随。外来威胁的感知也与人类发展水平的提高相联系，寓示着为抵抗外部敌人而做的准备对于增进人类发展有着附加效应。然而，内部冲突以及内部威胁的感知关联着更低水平的人类发展（Blanton，Shannon Lindsey，2001：252）。

作者因而得出结论说，发展中国家的武器进口并不能增进人类安全。具体而言，武器进口的增加与更低水平的民主以及更糟糕的人身完整权状况相联系。因此就存在这样一种悖论：尽管通常武器被视为提升“安全”的主要工具，在现实中它却在发展中国家导致了不安全（Blanton，Shannon Lindsey，2001：253）。

（三）民主与环境安全

上述计量分析文献讨论了一些传统关注事项尤其是与传统安全密切相关的一些变量与人类安全的关联，从不同的角度澄清了以往的一些模糊或错误认识。除此之外，还有学者对一些政治理念如民主、公民社会、社会公平、社群与平等、自由等与人类安全的关系进行了探讨。20 世纪 90 年代在东欧掀起的民主化浪潮，更是刺激了关于民主对于国际事务尤其是对冲突处置及经济发展的积极影响的研究。其中探讨较多的要数民主与环境安全的关系。

20 世纪 90 年代初期，Kennedy（1993）、Dahl（1993，1994）等开始涉及民主对于环境状况的可能影响的问题。但这些研究的焦点主要是民主的一些次要变量，而非“民主对非民主”议题的综合探讨，其经验研究的领域也局限于少部分欧洲国家，关于民主治理的议题也未曾涉及。明确论及民主与环境的关联的文献大致持两种针锋相对的观点及一种中间立场。持民主有利于环境保护观点的以 Payne（1995）为代表，文章概括了民主国家为何比非民主国家对环境更少危害的五点理由：（1）民主国家维护个人政治权利及信息的自由传播；（2）民主国家比非民主国家更易做出反应；（3）民主国家是比非民主国家更好的学习者；（4）民主国家更愿意参与全球环境合作；（5）一个开放的市场经济——所有民主国家之特征——提供了实施负责任的环境政策的最佳动力。Gleditsch & Sverdrup（2002）对上述观点表示赞同，并补充提出了 Payne 没有讨论到的民主对于人类生活的更大价值，即民主国家里没有种族屠杀（Rummel，1994）、没有饥荒（Sen，1994），也鲜少内战（Hegre et al.，2001）。与 Payne 持有类似观点的还有 Schultz and Crockett（1990，p. 62）、Berge（1994）、Mann（1991）、Kotov and Nikitina（1995，p. 27）、Weiss and Jacobsen（1999）、Bailey（1998）等，这些文献分别从信息获取、人权、国际交流、环境政策的改进、政务透明度、环境退化的负面影响程度等方面论证了民主对于环境保护的积极作用。

与此形成鲜明对比的是“民主可能损害环境”的观点，这种观点深受公地悲剧理论的影响，认为保护环境需要有强有力的、或许是专制的国家，而民主政府则似乎难以解决公地悲剧之类的两难困境。在20世纪70年代的环保运动中，对于民主国家克服个人利己主义、充分解决人类面临的紧迫环境问题的能力的怀疑就是一个生动的写照。因此，Ophuls（1977）、Heilbroner（1974）等环境理论家宣称自由与民主的年代应该终结，并倡导一种融合宗教导向与军事纪律的社会秩序。同样的观点在20世纪90年代被Lafferty（1993）、Wyller（1994，1999）重提。前者认为“民主与环境危机的解决之间存在一种内在的矛盾”，后者则断言，通过民主程序来解决主要的环境问题简直是天方夜谭，因为“在捍卫民主与保护环境之间会产生一种价值冲突”（Wyller，1994，p. 19）。另一种看法则从民主与市场经济的紧密关系（尽管并非所有实行市场经济的国家都是民主国家，但民主国家都奉行市场经济）入手进行论述。作为持此类观点的众多学者之一，Dryzek（1987）认为，支配民主国家的商业利益对环境有害。也有学者持中间观点，例如，Hartmann（1992）就声称，民主、发展与环境保护之间的关系“是一个极其复杂的东西”（p. 49），并断言“在民主与环境保护之间鲜少关联”（p. 57）。但这一结论并非建基于任何统计学的或比较性的研究之上，而是基于“北部民主国家也污染环境”的印象主义式的证据做出的推论（Gleditsch & Sverdrup，2002：47－50）。

其实，上述学者在论证各自的观点时基本上都以历史概括与逻辑推断为主，为了以更有说服力的方式论证民主与环境安全的内在关系，Nils-Petter Gleditsch and Bjorn Otto Sverdrup 采用统计分析方法对此进行了系统的探究。

作者使用的分析单位为国家，时间范围是冷战后期，即 20 世纪 80 年代后期至 90 年代早期。选用了三类衡量环境表现的指标：直接问题指标（人均气候气体排放、人均 CO_2 排放、森林砍伐、生物多样性的威胁、安全饮用水的缺乏）、间接问题指标（卫生服务的缺乏、人口增长、人口密度、城市人口变化）、解决问题取向的指标（签署认可的环保条约、环保组织）。相关统计数字来源于 World Rescources Institute （1994）、United Nations （1993） 及 UNDP （1993）。同时使用 Polity III 制度化民主指数（Jaggers and Gurr，1995）来测量民主，并将得分在 6 分以上的认定为民主国家。发展方面则使用人均 GDP 及由 UNDP 建构的人类发展指数（HDI）这两大发展指标。民主变量采用 1990 年的取值，其他变量取 1990 年前后的数据。

由此所做的民主与环境变量之间的二元关系的分析表明（见表 7－4），民主与大多数环境指标之间存在清楚的显著的正相关，与环境表现的解决问题取向的指标之间则存在最强的相关，但与影响气候的气体尤其是 CO_2 的排放存在负相关。

表 7－4 民主与好的环境表现

	r	百分比差异	(n)
气候气体排放[a]			
气候气体总量	－0.30 **	－36	(129)
CO_2 排放	－0.32 **	－40	(124)
森林砍伐[a]	0.17 **	27	(91)
生物多样性			
哺乳动物	0.25 **	24	(109)
禽鸟	－0.10	－23	(107)
水与卫生服务			

续表

	r	百分比差异	(n)
饮用水	0.21 *	20	(77)
卫生服务	0.23 *	19	(60)
人口增长[a]	0.49 **	43	(123)
人口密度[a]	-0.02	-11	(123)
城市人口增长[a]	0.51 **	52	(121)
环境条约			
签署的	0.52 **	40	(121)
认可的	0.53 **	36	(121)
环保组织	0.63 **	54	(117)

备注：** 在5%的水平上显著；* 在1%的水平上显著。

a. 表示该变量是反向的，即我们测量的是森林砍伐的缺失而非森林砍伐、低的而非高的气候气体排放，诸如此类。

第一栏给出了相关系数（Pearson's r），而第二栏给出了二分变量之间的百分比差异。与环境恶化的相关是反向的，因此，大于0的相关系数表示在民主与好的环境表现之间存在正相关。

资料来源：民主变量取1990年的数据，其他变量取1990年前后的数据（Gleditsch & Sverdrup，2002：60）。

在控制了发展水平这一变量之后，他们发现在民主与几个环境指标之间仍存在正相关。在以1990年的人均CO_2排放为因变量的气体排放多元回归分析中，他们包含了四个自变量：人均GDP、石油生产、HDI及民主。基于递减效应的假设，同时也纳入了人均GDP的平方这一变量。结果显示，所有的系数都在0.01的水平上表现显著。这表明，在排除了发展水平及石油生产的影响以后，民主国家比非民主国家的CO_2排放更少。政体类型的重要性要小于发展与财富的重要程度，但比液体燃料生产的重要性要稍大。人均GDP平方的系数与预想的方向一致，表明在GDP与CO_2排放之间确实存在一种递减的效应。即高度发达的国家排放更多的CO_2，但非常发达的国家并没有排放线性关系所预示的那么多（Gleditsch & Sverdrup，2002：58－63）。

上述开创性的经验分析表明，民主对于环境表现在总体上具有积极的二元变量影响，而在控制了发展水平这一变量之后，则具有更为一致的积极影响。因此，作者得出结论说，尽管存在“民主国家采用了对于自然环境往往具有灾难性影响的发展模式”的事实，他们却拥有一些可以在未来用于应对环境变化的资源，能更有效地克服国家环境退化，也能更有效地开展国际合作解决国际环境问题（Gleditsch & Sverdrup，2002）。

六、2006 年禽流感的人类安全透视

（一）禽流感肆虐全球，人类遭遇挑战

1996 年在中国广东的一只鹅身上首次分离出了高致病性 H5N1 禽流感病毒，第二年，香港报告了首个感染 H5N1 病毒的案例。在采取大量扑杀家禽等有效措施后，疫情消失，直到 2003 年 2 月在香港再度出现，此后许多地区相继出现禽流感疫情，涉及亚洲、欧洲、非洲的广大区域。据世界卫生组织的统计，到 2006 年 6 月 6 日，确认有人感染禽流感的国家就有越南、泰国、印度尼西亚、中国、埃及、土耳其、伊拉克、阿塞拜疆、柬埔寨、吉布提 10 个国家，合计共 225 例，其中死亡 128 例。

禽流感的影响是巨大的。据世界动物卫生组织的估计，禽流感仅给亚洲国家造成的损失就达到上百亿美元。禽流感疫情至今仍在一些东南亚国家反复暴发，并导致病毒随野鸟逐渐扩散到其他大洲。

随着疫情的日益蔓延，人们更为担心的是暴发人类大流感的潜在威胁。2006 年 1 月英国科学家宣布，他们对土耳其的一个禽流感死亡病例的样本分析显示，病毒已开始能够适应人体。而印尼一家 6 口死于禽流感的案例更为人类敲响了警钟。而一旦真的暴发世界

性的人际传播禽流感疫情，对全人类的生命安全将构成最直接的威胁。世卫组织首席流感专家斯托尔认为其可能导致高达 740 万人死亡。而澳洲一家智囊机构更是认为，在最严重的情况下，将造成超过 1.42 亿人死亡，经济损失可达 4.4 万亿美元，其中以发展中国家尤其是东亚地区受到的冲击最大，印度、印尼和中国的死亡人数将可能最多。此外，所有国家都将遭受相关产业停滞、商业停顿、贫困加剧、日常生活波动等社会动荡。相关的损失，据世界银行估计，将达一年 8000 亿美元。而据亚洲开发银行的初步估计，亚太地区在短期内蒙受的损失就将达 2500 亿 - 2900 亿美元。

除了这一种类的禽流感病毒外，香港大学的研究还发现，另一种禽流感病毒 H9N2 其实已悄悄潜伏在香港街市的鸡档，这种病毒虽然致病性较低，但也存在随时传播给人类、造成大暴发的危险。由于存在这些迫在眉睫的种种风险，时任世卫总干事李钟郁因而认为，一次致命性全球大流感的暴发是不可避免的。虽然李氏的预言未必成真，但警钟已然敲响，人类遭遇了一种空前的挑战。

（二）各方齐努力，合作防控显成效

面对禽流感带来的严重威胁，世界各国，包括发达国家与发展中国家、已发现与尚未发现禽流感的国家，以及世界卫生组织等国际机构，都对此给予关注并采取了相应措施。

首先，是疫情严重的国家如印尼、泰国、中国等，开展了隔离、宰杀、免疫、产地检疫、集中屠宰、建设预警系统、宣传教育等活动，并寻求世界卫生组织等的指导与支援。

其次，是尚未发现疫情或疫情轻微的国家积极建设应急预案，密切防控禽流感的发生与蔓延。如美国、巴西、英国等都拟订了涉及疫苗接种、疫情预警、钞票印制、网络办公等问题的人传人禽流感应对计划。

再次，国际社会召开了各种层次的地区性的及全球性的禽流感防控会议，以更为有效地应对禽流感这一全球性的威胁。自 2005 年 10 月以来，就分别在胡志明市、哥本哈根、渥太华、日内瓦、东

京、北京、基加利、新加坡、曼谷召开了关于禽流感的防控会议、协调会议、筹资大会、研讨会等。这些会议除了探讨防控禽流感经验以外，一个重要的内容就是协调各方的利益与行动。一方面是地区间尤其是临近国家间的防控合作问题，另一方面是国际社会的援助方案与资金筹措问题。

最后，是在会议内外开展的国际合作与援助行动。由于国际社会各方都深刻认识到，禽流感的防控仅凭一己之力难以奏效，因而大家在国际协调行动方面都有着比较广泛的共识。发达国家也认识到，要想防患于未然，最经济也最有效的方法是从源头以及最薄弱处即东南亚等发展中国家做起。因此，美英等发达国家以及世界银行等国际机构都在努力为遭受禽流感侵袭的国家提供经济援助与技术支持，包括资金援助、技术培训、仪器捐赠、合作试点等措施，并收到了一定的成效。例如，2005 年 11 月的日内瓦全球防治禽流感协调会议，通过了一项总额 10 亿美元的对抗禽流感全球行动计划。北京禽流感防控国际筹资大会则从 33 国筹得了 19 亿美元的国际防控禽流感援助金。2005 年年底，美国政府拨出 3800 万美元，协助东南亚国家遏制禽流感的蔓延。亚洲开发银行也拨出 5800 万美元，协助亚太国家对抗禽流感。新加坡和印尼则于 2006 年年初选定在雅加达附近一个约 150 万人口的地区，展开对抗禽流感试点项目。美国、澳大利亚、日本，以及国际组织如世界银行、世卫和世界动物卫生组织都对这一试验计划提供了支持。抗流感药“达菲”的制造商罗氏公司也陆续向亚洲库存捐出更多“达菲”。一些援助机构也承诺加速资金发放，协助亚洲抗防禽流感。

国际社会共同采取的上述举措，对于防控禽流感疫情产生了比较明显的成效，一个突出的表现就是有效地阻断了禽流感的蔓延与病毒变异，使得人感染禽流感的情况得到了较好控制，禽流感也基本上没有发展到人际传播的阶段。此外，由此确立的合作网络与机制，也为今后的禽流感及其他全球性流行病的防控奠定了基础。

（三）各方存博弈，深入实施有障碍

国际社会采取的上述种种举措已获得了初步的成效，但问题依

然存在，尤其是国际防控合作上，尚千头万绪。一个突出的问题是，共识已经形成，框架已然搭好，但要超越“务虚”的范畴，将其付诸长期的“务实”行动，则还需要克服诸多的实施博弈的障碍。

虽然发达国家对于禽流感流行地区给予了援助与协助，但这种行为更多地还是从自身利益出发的政策行为。禽流感的应对其实要解决两个方面的问题，其一是禽流感本身的预防；其二是禽流感引发的社会后果及其社会根源问题的处理。在前一个问题上，相关国家都具有比较共同的观点，容易达成一致的协议，因为世界任何地方的疫情处理的好坏，都将迅速地与所有国家休戚相关。而在后一问题上，尽管大家都存在原则上的共识，但在具体操作层面，尤其是涉及实际援助的层面，往往难有实质性的成果，或者是谈判出现分歧，或者表现为口头承诺。在这一点上，各种行为者往往陷入一种博弈的局面。出现疫情的国家尤其是发展中国家希望利用禽流感的全球关注及其跨国界特性，想在防控禽流感方面坐收渔翁之利，希望获得尽可能多的无偿援助，并最小化自身的防控成本，且最好能借机改善相关设施与技术条件、解决一些内部的社会问题。而提供援助的国家一方面希望疫区国能有效地将疫情控制在有限的范围内，不致祸及自身，另一方面却不希望对方尤其是非同盟国家借此解决内部问题，提升国力，从而出现相互观望的现象，口头的承诺迟迟不能落实。出于同样的原因，援助者对于受助国的资金使用往往缺乏信任，导致双向的摩擦。

以印尼为例，其在落实世卫组织的要求上就存在比较突出的投机现象。据报道，2005 年 10 月，印尼曾拒绝遵照联合国的建议，全面扑杀禽流感疫区的健康家禽，因为觉得赔偿农民的代价太高。其注射疫苗工作也在印尼的许多省份受阻，覆盖率远远低于最低有效标准。印尼官员强调说，这是由于缺乏资金和有关禽流感的科学知识。然而，据一名印尼前动物卫生主管官员透露，印尼农业部去年只花了禽流感预算的 2/5，并将 1000 多万美元返还国库。另外，世卫职员也曾投诉说，他们在印尼很难进入大农场视察，印尼政府对此也显然负有不可推卸的失职之处。

另外，发达国家的资金支持比较有限且难以到位。2005 年 2 月，联合国农粮组织呼吁各国捐助 1 亿美元协助亚洲国家预防禽流感，到 10 月为止却只有 3000 万美元到位。2006 年 1 月的禽流感防控国际筹资大会从 33 国筹得的 19 亿美元的国际防控禽流感援助金的到位、分配与使用也有待观察。首先是资金承诺能否及何时兑现的问题，其次是这些资金的主要运用对象发展中国家将如何使用援助资金的问题。而后者正是许多捐赠国与捐赠机构所担心的。大会签署了《北京宣言》，但如何避免“纸上谈兵”，切实有效地贯彻实施，仍是巨大挑战。这种担心并非空穴来风，因为已有前车之鉴。世卫组织早在 10 年前就呼吁各国起草防治禽流感计划，但到 2005 年上半年时，制订了这类计划的国家不到 40 个，2005 年年底，世界卫生组织会员国中也只有 60% 的国家即 120 个有了应变的计划。然而，即便是这六成国家，也基本上停留在纸上预防的阶段，而缺乏实际演练。

此外，在抗禽流感药物和疫苗的生产与分配方面也存在一些国际博弈。首先，一些地区欲以防治禽流感为借口，不首先通过谈判协商而想单方面地侵犯知识产权，以减轻进口药品的经济负担。例如，有报道称，印度和中国台湾曾宣称可能会允许其制药商在没有获得罗氏药剂公司（Roche）发出执照的情况下，仿制出和“达菲”含有同样成分的非专利药物。而拥有“达菲”专利权直到 2016 年的罗氏已对此发出警告。其次，在流感疫苗的分配与分享上，国际合作也有障碍。例如，2005 年 10 月由墨西哥和泰国提议的富国拿出 5% -10% 的流感疫苗与发展中国家分享的计划，在渥太华举行的禽流感大会上，就无法获得通过。

另一个值得注意的问题是，由于媒体的推波助澜，在一些国家，禽流感的危害被夸大了，使得越来越多的富国倾其所能储备禽流感相关药物和疫苗，从而加剧了疫苗和药物的紧缺，导致真正有需要的国家不能得到足够的药品。一些国家则对家禽产品进口采取了极端措施，武断地对来自所有地方的动物产品进口实行“一刀切”的全面限制，这种做法不仅不符合逻辑，且有悖于国际贸易公约，对禽肉出口国的经济以及整个世界经济都产生了严重的影响，使得本已为禽流感所累的地区的经济状况雪上加霜。

上述障碍的扫除，将是国际社会应对迫在眉睫的当前问题而急需采取的行动。

（四）呼唤人类安全新思维，促进合作谋发展

之所以出现诸如此类的实施障碍，归根结底，还在于所有国家都难以摆脱狭隘的国家安全观的桎梏。上文所述的各个国家的不同顾虑以及实施博弈，就往往来自于对传统的国家安全关注事项的片面考虑，以及传统安全理念的束缚。各个政府更多地关注自身的安全、利益与权力，更多地关注国家共同体的安全与利益，更多地关注迫在眉睫的直接的安全威胁，更多地关注零和博弈而非正和博弈。

要解决这些问题，就需国际社会各方彻底转变传统的安全观念，以一种“人类安全”的新思维进行全面的观照。与传统的安全观相比，人类安全概念的重要价值在于它所体现出来的整体性（holism）和包容性（inclusiveness），它大力倡导这样的理念：安全的基本着眼点应是人而非国家；安全的各个维度相辅相成；要通过人类发展而非经由武力实现安全；安全的实现依赖于合作而非竞争。

人类安全这个概念虽然简单，却与我们通常说的国家安全有很大差别。一是国家安全的需求因国家而异，相比之下，“人类安全”却有普世性，国家无论强弱，人群无论贫富，都受到人类安全的影响，因为人人都是生物个体，都有着从吃饱穿暖、身体健康、人身完整到社会和谐、民主自由等各个层次的需求。二是国家安全一般是零和关系，一国的安全常常意味着另一国的不安全。而人类安全却有互相依存性，当世界某地的人民的安全受到威胁时，诸多国家均有可能卷入其中，比如禽流感、2003 年的 SARS、2004 年末的东南亚海啸，当前某些国家的动乱等，其影响都可能波及全球。三是人类安全更重于早期预防。以艾滋病、禽流感等传染病为例，早期

预防就更加经济、更加有效。四是人类安全以人为中心，关切的是人在社会中如何生存与呼吸，他们获得平等的机会有多大，以及他们是生活在冲突中还是和平里等。

在这种情况下，国家间合作的初衷开始有了很大的变化。先前的国家间合作多出于利益取向，或者经济利益，或者政治诉求，或者军事目的等，这些利益分歧将导致国家间合作的破裂。比如，“二战”结束后，同为反法西斯阵线的美苏两国就是因此而走向冷战对峙的。但是，人类安全概念的提出将改变这种现象，因为其普世性、相互依存性，人类安全将极有可能成为日后国家间军事、政治以及经济合作的最充分、最稳固的理由。

以人类安全的新思维来观照禽流感危机，则我们至少可以得出这样的认识：

● 禽流感给人类带来的是一种非传统安全威胁，危及的不仅仅是健康与生命，还涉及粮食安全、经济安全、环境安全等问题，这些问题相互关联、不可分割；

● 受波及的不是个别国家和个别社会阶层，它危及全人类，无论贫富强弱，概莫能外；

● 应对这一非传统的安全危机，需要人类安全的新思维，即通过合作实现共同安全、通过发展实现可持续的安全、通过事先预防实现低成本的安全、以人为本实现“人”的安全。

不言自明，禽流感带来的最直接的危害是对人类健康安全的威胁。仅从2006年当时的状况来看，它已夺去了9个国家128个人的生命，而诸多机构与学者更是预测，一旦禽流感暴发，将有几百万人到几千万人因此死亡。另外，因此而遭受健康损失的人更将数不胜数。无论从何种角度来讲，这都是一种极为严重的健康威胁。而且这种威胁涉及的将不仅仅是社会的某些人群，人们无论贫富、国家无论强弱，都不可能独善其身。

除了这种直接的威胁以外，全世界的家禽业以及相关产业将遭受重创，从而带来大量的失业问题，引发经济安全问题以及因为收入下降而导致的粮食安全问题、健康安全问题等。例如，禽流感对农业和农民生活的影响就十分深远。对于不少受疫情影响的欠发达国家而言，畜禽产品往往是出口创汇的大宗农产品，而且养禽实际上同时是这些国家的农民的生活方式和商业方式，以中国为例，畜牧业产值占农业总产值的比重超过1/3。所以，扑杀家禽、改变家禽畜养方式及封锁国内国际市场的防控措施，使得他们成为相关经济风险的直接受损者，给他们带来食品紧缺和生计无着等现实问题。与此相关联，整个社会的经济包括商业贸易、餐饮、旅游、休闲等行业都会发生连锁反应，导致每个人尤其是社会弱势群体遭受严重打击。

（五）禽流感危机的人类安全启示

“塞翁失马，焉知非福”。禽流感危机在为人类带来巨大损失的同时，也给了人类一个反思既往、设计未来的良机。

1. 禽流感危机让人们深刻认识到了安全的新意义

禽流感在全世界各个角落无声无息的流行，使人们切实地感受到，安全的最大威胁就存在我们社群的内部，而非国际之间。而没有战争与冲突也并不会意味着每个人都安全，因为国家的安全并不能保证一国之内的人民就能安然无恙。因此，安全的落脚点不应只是抽象的国家、社会以及民族等共同体，它的最终落脚点应是大众本身。安全所关注的应是人们的日常生活，而不是国家的军事实力，所要保护的价值主要是个人在家庭、工作、街道、社区及自然环境里的安全与福祉。禽流感危机，以及此前的SARS疾病的暴发，给了世人生动的注脚。

2. 禽流感危机促成的地区合作与国际合作，为人类在传统安全问题上的合作增进了共识、奠定了社会基础

以东亚为例，以往在传统安全领域如朝鲜核问题的合作上，面临着很大的难题。由于受民族主义的影响，此类的合作，如果有的话，也多是出于国家利益的考虑，如朝鲜核问题六方会谈等，就是一种国家主体之间的合作，由于国际利益的分歧，尽管谈判一茬接一茬，其成果总是浮光掠影。

相反，由于禽流感直接关涉人类的健康安全、经济安全、粮食安全等“生理需要”层面的内容，牵涉的社会阶层更为广泛，因而迅速跨越了社会制度、政治理念、文化价值等方面的障碍，引起了合作的共鸣，并吸纳了除国家主体以外的 NGO、NPO 等机构与民间力量等参与其中，大大促进了国际合作的开展。例如，亚太地区的国家就在区域框架内开展了富有成效的合作。2005 年 11 月亚太经合组织峰会确定了合作对抗禽流感计划，包括模拟演习、合作研制对抗禽流感的疫苗、加强经济体合作与技术援助、控制禽流感的源头等。当月的南亚峰会也确定了建立一个疾病监控中心，合作对抗禽流感的计划。这些行动所增进的共识以及双边交往，都将为今后推动传统安全领域的合作与沟通，奠定一定的社会基础，并提升已有的对话机制。

3. 它深刻地提醒了人们要关注环境安全问题，以及与之相关的人口问题、经济安全问题、粮食安全问题

以“跳出禽流感来看禽流感”的思维把脉禽流感问题，则禽流感危机事实上根植于更深层次的社会问题之中。正如多数人所看到的那样，是环境的恶化，包括湿地的迅速减少，使得野生禽鸟与人类的生活日益接近与频繁，导致动物与人类之间发生疾病的传播。许多人看到了这一问题，提出了“给野生动物更多生存空间，其实就是给人类自身安全”的观点，并因此主张各国尤其是环境遭受更严重破坏的发展中国家采取切实措施保护环境、保护野生动物的生存空间。

然而，解决环境安全问题谈何容易，因为在这一问题的背后，又其实隐藏着另外的更为严重也更难对付的问题——日益增长的经济安全问题（贫困问题）、粮食安全问题（生计问题）与人口问题。

可以理解的是，一个生计模式贫乏且贫穷得无隔夜之粮的人不可能为了顾全环境大局而坐以待毙，同样，一个人口不断增长的地区也难以不向大自然“讨饭吃”。因此，要解决环境问题，并不能简单地强调保护环境，还要从解决人口过度增长问题，以及直接向环境索取的生计模式的问题入手。一方面控制人口增长速度，另一方面帮助相关人群获得可以替代的生计方式，从根本上杜绝移山填

海、刀耕火种式的，环境破坏严重的人类生计模式对大自然造成的巨大伤害。而在许多国家，人口问题的最关键根源还是经济安全问题，归根结底，就是传统生计模式的低效与劳动的密集性，以及社会保障机制，尤其是医疗保障与养老保障机制的缺乏造成的。这些问题一方面造成对再生劳动力的不断依赖，而不断增长的人口又进一步恶化了他们赖以生存的环境，并形成恶性的循环。另一方面也造成了对于补充性的非常规生计模式的依赖，如在家庭后院或村落四周豢养家禽、使得人类与禽鸟亲密相处的所谓非工业化的“亚洲养殖方式”。这种养殖方式已被认为是禽流感之所以在中国南部、东南亚各国肆虐的主要原因之一。

以此为鉴，我们应始终将对人类基本需求的关注置于社会发展政策之中，时时不忘人类首先是血肉之躯。只有首先解决了粮食安全、经济安全问题，人类才能得到最基本的安全。

4. 它使人们深刻地认识到了通过人类发展促进人类安全的重要性

为了解决相关的环境问题，以强力措施或外部压力要求相关人群做出生存模式的改变，是最简单的对策，也是多数人的第一反应。但任何政策都应以人为本，倘若因为部分人的生存方式对环境的破坏而带来了世界性的威胁的话，合适的处理方法并不是简单地牺牲这一部分人的利益以提高其他人（尽管是大多数）的福祉。

因为有血有肉的人类之躯首先需要寻求生理的满足，而这个世界到现在为止，还有着太多的人挣扎在满足最基本的生理需求的层次上。如果我们为了所谓保护环境，防止禽流感等流行病的冠冕堂皇的理由，而削弱或剥夺这些人的生存之道，我们就应有不可推卸的义务去帮助这些做出牺牲的人群，使得他们在生活模式发生变迁之后，仍有能力、渠道与机会在这个世界上有尊严地活着。除了在转型初期，应该为其提供直接的帮助以外，最重要的还是要提升他们的发展能力，也就是从阿马蒂亚·森所说的可行性能力（capability）入手，通过提高社会弱势群体的健康、知识和技术水平，增强其能力（赋能，empowerment），改变或修正其对简单劳动力的反复需求以及不可持续的生计模式，降低其脆弱性（vulnerability），达到从源头上解决问题的目的。而这些不仅仅关涉经济水平的提高，它呼唤的还是一种整合性的“人类发展”观，即推动除经济福祉以外的健康、教育、民主等的全面发展。这种全面的人类发展正是预防安全威胁的有效途径，其成本也远低于事后的危机干预。

（六）小结

禽流感危机所寓示的人类文明发展过程中的种种弊端，在深深地呼唤着一种新的安全思维与发展思路。人类要获得真正的安全，就不能仅仅关注国家的军事安全，更为紧要的还要关注普通老百姓的健康安全、经济安全、粮食安全、环境安全等非传统安全关注事项。而要解决这些方面的安全威胁，一个有效的途径就是转变以往过度重视经济增长的发展思路，以一种“人类发展”的新思维，努力推动社会的教育、卫生、民主等，保护环境、关注民生。惟其如此，发展才能持续、人类才会安全。

仅仅是在20多年前，人类还在为冷战而对立，此后也一直存在地区性的冲突、宗教冲突、文化冲突、种族冲突，并因此而加剧了恐怖主义在全球的蔓延。近几十年来，这个世界有着太多的冷漠、倾轧与对抗，人类在无休止的、人为的内部争斗中已挣扎得太久太久。在新的千年，人类是时候摆脱这些传统的羁绊了。禽流感危机等非传统安全威胁促使人类在国际合作与沟通、安全思维、发展战略上取得的进步，恰为人类冲破长久以来的成见与固定思维提供了破冰之机。如果人类和平友好、休戚与共、持续发展的大门已因此打开了一条缝隙，那么，大门是接着敞开，还是重新关上，将取决于人类自己的选择！

第八章 结　　语

人类安全已成为发展考量的关键，构成了人权理想以及欠发达国家改善其公民生活的承诺的核心。然而，即便就全球学术界而言，尽管人们对人类安全的研究和兴趣日益增长，但对于什么能够或应该是“现在尚界定松散的人类安全研究”的焦点问题，还没有取得真正的一致。对于人类安全的真正含义以及人类安全范式对于国际关系研究和实践的启示，仍一直有相当多的方法、定义、概念上的争鸣和不满。关于人类安全的不同主题的研究也在深度（与广度）上存在很大程度的参差不齐。

基于这种研究现状，本书本着尊重文献的原则，力求在材料的取舍上与其研究深度与广度保持一致，即对探讨较多的焦点问题重点介绍，而对涉及较少或与其他研究主题交叉较多的问题一笔带过，以尽量比较全面地反映国际社会在人类安全研究方面取得的成果。当然，由于文献收集难免挂一漏万，也不免带有收集者的主观取舍，加上在对收集到的文献进行阅读、甄别、处理时也往往容易打上作者个人的主观烙印，上述目标能否达到或能达到什么样的程度，尚有待斟酌与评论。因而本书对人类安全理论及其经验研究的梳理只能是一个抛砖引玉的粗略结果，作者期待着批评与回应。

参考文献

中文论著

[1] [新加坡] 阿米塔夫·阿卡亚. 人类安全——东方对西方 [J]. 李增田，译. 世界经济与政治，2002 (5).

[2] [加拿大] 保罗·埃文斯. 人的安全与东亚：回顾与展望 [J]. 汪亮，译. 世界经济与政治，2004 (6).

[3] 白屯. 自然资源与人类安全 [J]. 大连民族学院学报，2008 (2).

[4] 范子英，孟令杰. 有关中国 1959 – 1961 年饥荒的研究综述 [J]. 中国农村观察，2005 (1).

[5] 傅梦孜. 从经济安全角度谈对"非传统安全"的看法 [J]. 现代国际关系，1999 (3).

[6] 傅勇. 战略机遇期与非传统安全问题 [J]. 毛泽东邓小平理论研究，2003 (5).

[7] 龚启圣. 近年来之 1958 – 1961 年中国大饥荒起因研究的综述 [J]. 二十一世纪八月号，1998 (48).

[8] 关信平，郭瑜. 人类安全：分析框架及应对措施 [J]. 学海，2008 (1).

[9] 何忠义. "非传统安全与中国"学术研讨会综述 [J]. 世界经济与政治，2004 (3).

[10] 胡昊. 苏联 1932 – 1933 年饥荒原因探究 [J]. 唐都学刊，

1994 (2).

[11] 胡薇薇. “非典” 挑战中国 “人” 的安全观 [J]. 世界经济与政治，2003 (8).

[12] 李滨. 中国目前面临的主要非传统安全问题及其排序 [J]. 世界经济与政治，2004 (3).

[13] 李东燕. 联合国的安全观与非传统安全 [J]. 世界经济与政治，2004 (8).

[14] 李杰豪. “人类安全” 析论 [J]. 湘潭大学学报（哲学社会科学版），2008 (3).

[15] 李若建. 自然灾害与自然条件对困难时期饥荒形成的影响 [J]. 当代中国史研究，2000 (5).

[16] 梁晓华. 欧盟出台新安全战略理念 [N/OL]. http: //www. gmw. cn/content/2004-09/27/content_ 107690. htm; 农民日报三农在线 “详细报道”，http: //www. farmer. com. cn/news/js/200409280207. htm.

[17] 廖福特. 人类安全与人权保障：国际发展及台湾观点 [J]. “迎接全球化、超越 2008” 系列研讨会论文，2003.

[18] 刘学成. 非传统安全的基本特性及其应对 [J]. 国际问题研究，2004 (1).

[19] 刘中民，桑红. 西方国际关系理论视野中的非传统安全研究 [J]. 世界经济与政治，2004 (4).

[20] 陆忠伟. 非传统安全论 [M]. 北京：时事出版社，2003.

[21] 潘忠岐. 非传统安全问题的理论冲击与困惑 [J]. 世界经济与政治，2004 (3).

[22] 宋燕辉. “人类安全” 之发展与推动：亚太国家的态度及作法 [J]. 人类安全与 21 世纪的两岸关系研讨会论文，2003.

[23] 汤光鸿. 非传统安全对我国国际关系理论的新挑战 [J]. 太平洋学报，2004 (1).

[24] 王昆义，蔡裕明. 全球化、人类安全与后 SARS 时代——两岸非传统安全的新议题 [J]. 世界经济与政治，2004 (7).

[25] 王曲，刘民权. 健康的价值及若干决定因素：文献综述[J]. 经济学（季刊），2005（4）.

[26] 王逸舟. 论综合安全 [J]. 世界经济与政治，1998（4）.

[27] 王逸舟. 全球化时代的国际安全 [J]. 上海：上海人民出版社，1999.

[28] 王逸舟. “非典” 与非传统安全 [J]. 中国社会科学院研究生院学报，2003（4）.

[29] 夏国美，杨秀石. 需从人类安全视角关注的领域——娱乐服务业中的艾滋病高危现象及社会干预研究 [J]. 社会科学，2004（4）.

[30] 姚洋. 关注社会最底层的经济学家——阿玛蒂亚·森的贫困、饥荒理论简介 [J]. 会计之友，1999（9）.

[31] 余潇枫. 从危态对抗到优态共存——广义安全观与非传统安全战略的价值定位 [J]. 世界经济与政治，2004（2）.

[32] 余潇枫，等. 非传统安全概论 [M]. 杭州：浙江人民出版社，2006.

[33] 余潇枫. 非传统安全与公共危机治理——非传统安全与现实中国 [M]. 杭州：浙江大学出版社，2007.

[34] 俞晓秋，等. 非传统安全论析 [J]. 现代国际关系，2003（5）.

[35] 袁林. 甘宁青历史饥荒统计规律研究 [J]. 兰州大学学报（社科版），1996（4）.

[36] 袁林. 陕西历史饥荒统计规律研究 [J]. 陕西师范大学学报（哲社版），2002（5）.

[37] 章奇. 21 世纪非洲饥荒与对策 [J]. 世界经济，2003（3）.

[38] 张春. 人类安全观——内涵及国际政治意义 [J]. 现代国际关系，2004（4）.

[39] 张运成. 非传统安全挑战难以回避 [J]. 瞭望，2000（21）.

[40] 赵念渝. “9·11” 事件和日益凸显的非传统安全威胁 [J]. 国际观察, 2004 (1).

[41] 郑功成. 人类安全与社会保障 [J]. 群言, 2007 (2).

[42] 朱锋. “非传统安全” 解析 [J]. 中国社会科学, 2004 (4).

[43] 朱立. 试论十一世纪西北欧洲大饥荒的原因及其影响 [J]. 兰州学刊, 1999 (3).

英文论著

[1] Alamgir, M., Famine in South Aisa: The Political Economy of Mass Starvation [M]. Cambridge, Massachusetts: Oelgeschlager, Gunn and Hain, 1980.

[2] Alkire, Sabina. A Conceptual Framework for Human Security [OL]. CRISE Working Paper #2, 2002. http://www.fas.harvard.edu/~acgei/Publications/Akire/Alkire_ Human_ Security_ Concept_ CRISE_ WP2.pdf.

[3] Amusan, Lere. Ethno-Religious and Environmental Conflicts: Challenges to Human Security and Development in Nigeria [J]. Perspectives: Central European Review of International Affairs, Summer 2001, Vol. 16.

[4] Anand, S. and Sen, Amartya, Sustainable Human Development Concept and Priorities, UNDP Office of Development Studies [J]. Discussion Paper Series, 1996.

[5] Annan, Kofi A., *We the Peoples: The Role of the United Nations in the 21st Century* [M]. New York: United Nations, 2000.

[6] Appleby, Andrew B., *Famine in Tudor and Stuart England* [M]. Stanford: Stanford University Press, 1978.

[7] Arnold, David, *Famine: Social Crisis and Historical Change* [M]. Oxford: Basil Blackwell, 1988.

[8] Ashton, Basil; Hill, Kenneth; Piazza, Alan; Zeitz, Rob-

in, Famin in China, 1958 – 1961 [J]. *Population and Development Review*, 1984, Vol. 10, Issue 4.

[9] Axworthy, Lloyd, Human Security: Safety for People in Changing World, Minister of Foreign Affairs [OL]. Department of Foreign Affairs and International Trade, April 1999, available at: http: //www.summit-americas. org/Canada/HumanSecurity-english. htm.

[10] Axworthy, Lloyd, An Address on Human Security, Minister of Foreign Affairs [J]. To the G-8 Foreign Ministers' Meeting, 9 June 1999.

[11] Axworthy, Lloyd, Human Security and Global Governance: Putting People First [J]. *Global Governance*, 2000, Vol. 7, Issue 1.

[12] Axworthy, Lloyd, Introduction, in Rob McRae and Don Hubert (eds.), *Human Security and the New Diplomacy Protecting People, Promoting Peace* [M]. McGill-Queen's University Press, 2001.

[13] Bajpai, Kanti, The Idea of a Human Security Audit [J]. *Joan B. Kroc Institute Report*, 2000 No. 19.

[14] Bake, Guy A., Famine in North Korea [J]. *Military Intelligence Professional Bulletin*, 2000, Vol. 26, Issue 2.

[15] Basch, Linda, Human security, globalization, and feminist visions [J]. *Peace Review*, 2004, Vol. 16, Issue 1.

[16] Bedeski, Robert., Human Security, Knowledge, and the Evolution of the Northeast Asian State, Centre for Global Studies [OL]. University of Victoria, 8 February, 2000, http: //www. globalcentres. org/docs/bedeski. html.

[17] Bellamy, A. J. and McDonald, M., "The Utility of Human Security": Which Humans? What Security? A Reply to Thomas and Tow [J]. *Security Dialogue*, September 2002, Vol. 33, Issue 3.

[18] Benedek, Wolfgang. Human Security and Prevention of Terrorism, European Training and Research Centre for Human Rights and Democracy [J]. *Occasional Paper Series*, Issue No. 2. http: //www. etc-

graz. at/publikationen/Seiten aus Human Security - Vienna Lecture 10 - 2002 - 3. pdf.

[19] Berge, E., "Democracy and Human Rights: Conditions for Sustainable Resource Utilization", in B. R. Johnson (ed.), *Who Pays the Price? The Sociocultural Context of Environmental Crisis* [M]. Covelo, CA: Island Press, 1994, pp. 187 - 193.

[20] Bethell, Tom, Exporting Famine [J]. *American Spectator*, 1993, Vol. 26, Issue 12.

[21] Bilinsky, Yaroslav, Was the Ukrainian Famine of 1932 - 1933 Genocide? [J]. *Journal of Genocide Research*, 1999, Vol. 1, Issue 2.

[22] Blanton, Shannon Lindsey. The Role of Arms Transfers in the Quest for Human Security [J]. Journal of Political & Military Sociology, Winter 2001, Vol. 29, Issue 2.

[23] Boer, Leen and Koekkoek, Ad, Development and Human Security [J]. *Third World Quarterly*, 1994, Vol. 15, No. 2.

[24] Bois, Guy, *The Crisis of Feudalism, Economy and Society in Eastern Normandy c.* 1300 - 1500 [M]. Cambridge: Cambridge University Press, 1984.

[25] Bollen, S. et al, *Violence against Women in Metropolitan South Africa: A Study on Impact and Service Delivery* [M]. Monograph 41, September, 1999, Institute for Security Studies.

[26] Bonner, M. D. "Applying the Concept of" Human Security "in Latin America: An Argentine Case Study." [J]. Canadian Journal of Latin American & Caribbean Studies, 2008, 33 (65): 7 - 31.

[27] Bookstein, Amelia & Lawson, Max, Briefing: Famine in Southern Africa [J]. *African Affairs*, 2002, Vol. 101, Issue 405.

[28] Booysen, Frikkie, The Extent of and Explanations for International Disparities in Human Security [J]. *Journal of Human Development*, Jul 2002, Vol. 3, Issue 2.

[29] Bowbrick, P., The Causes of Famine: A Refutation of Professor Sen's Theory [J]. *Food Policy* May 1986.

[30] Brandt, Karl, How Europe is Fighting Famine [J]. *Foreign Affairs*, 1941, Vol. 19, Issue 4.

[31] Brezinski, Zbigniew, The Cold War and its Aftermath [J]. *Foreign Affairs*, 1992, No. 71.

[32] Brown, Stephen, Deteriorating Human Security in Kenya-Domestic [OL]. Regional and Global Dimensions, 2003. http://aix1.uottawa.ca/~brown/pages/Stephen_ Brown_ NRIA.doc.

[33] Bunch, Charlotte. 2004. A Feminist Human Rights Lens [J]. *Peace Review*, Vol. 16, Issue 1.

[34] Burke, Anthony, Caught Between National and Human Security: Knowledge and Power in Post-crisis Asia [J]. Pacifica Review, Vol. 13, No. 3.

[35] Campbell, K. O., *Food for the Future* [M]. Lincoln: University of Nebraska Press, 1979.

[36] Centre for International Earth Science Information Network. Environmental Treaties and other Policy Instruments [OL]. available at http://sedac.ciesin.org/pidb/guides/sec2.html, 26 January, 1997.

[37] Chang, Gene Hsin; Wen, Guanzhong James, Communal dining and the Chinese famine of 1958 – 1961 [J]. *Economic Development & Cultural Change*, 1997, Vol. 46, Issue 1.

[38] Chang, Gene Hsin; Wen, Guanzhong James, Food Availability Versus Consumption Efficiency: Causes of the Chinese Famine [J]. *China Economic Review*, 1998, Vol. 9, Issue 2.

[39] Chen, Lincoln. Human Security: Concepts and Approaches, in T. Matsumae and L. C. Chen (eds.), *Common Security in Asia: New Concepts of Human Security* [M]. Tokyo: Tokai University Press, 1995, pp. 137 – 147.

[40] Chen, Lincoln, Health and Human Security: Translating

Theory into Action [OL]. paper presented at the International Symposium on Development, Tokyo, Japan, 24 June, 1999.

[41] Chen, Lincoln and Narasimhan, Vasant, Human Security and Global Health [J]. *Journal of Human Development*, 2003, Vol. 4, No. 2.

[42] Chossudovsky, Michel., The Real Cause of Famine in Ethiopia [J]. *The Ecologist*, 2000, Vol. 30, No. 6.

[43] Clover, Jenny, Food Security in Sub-Saharan Africa [J]. African Security Review, 2003, Vol. 12 Issue 1.

[44] Commission on Human Security, *Human Security Now: Protecting and Empowering People* [M]. Washington, DC: Communications Development Incorporated, 2003.

[45] Creusvaux, Hervé; Brown, Vincent; Lewis, Rosamund; Coudert, Karine; Baquet, Sophie, Famine in Southern Sudan [J]. *The Lancet*, 1999, Vol. 354, Issue 9181.

[46] Curley, Melissa; Thomas, Nicholas, Human Security and Public Health in Southeast Asia: The SARS Outbreak [J]. Australian Journal of International Affairs, March 2004, Vol. 58, Issue 1.

[47] Curtiss, W. M. Food, Famine, and Diplomacy [J]. *American Journal of Economics & Sociology*, 1946, Vol. 6, Issue 1.

[48] Cutler, Peter. Food Crisis Detection: Going beyond the Balance Sheet [J]. *Food Policy*, 1984, Vol. 9, No. 3.

[49] Dahl, A. *Environmental Actors and European Integration: Attitudes towards Further Integration* [J]. EED Report, No. 6. Oslo and Lysaker: Fridtjof Nansen Institute, 1994.

[50] de Mello, Sergio Vieira, The pillars of Human Security [J]. *Global Agenda*, 2003, Issue 1.

[51] de Sherbinin, Alex, Human Security and Fertility: The case of Haiti [J]. Journal of Environment & Development, March 1996, Vol. 5, Issue 1.

[52] de Waal, A., *Famine That Kills: Darfur, Sudan, 1984–1985* [M]. Oxford: Clarendon, 1989.

[53] de Wall, A. A Reassessment of Entitlement Theory in the Light of Recent Famines in Africa [J]. *Development and Change*, 1990, Vol. 21.

[54] de Waal, Alex; Whiteside, Alan., New Variant Famine: AIDS and Food Crisis in Southern Africa [J]. *Lancet* [NLM - MEDLINE], 2003, Vol. 362, Issue 9391.

[55] Denov, M. S. Wartime Sexual Violence: Assessing a Human Security Response to War-Affected Girls in Sierra Leone [J]. *Security Dialogue*, 2006, 37 (3).

[56] Department of Foreign Affairs and International Trade of Canada, *Freedom from Fear: Canada's Foreign Policy for Human Security* [OL]. Department of Foreign Affairs and International Trade, 2000, p. 1. http://www.humansecurity.gc.ca/pdf/freedom_from_fear-en.pdf.

[57] Department of Foreign Affairs and International Trade of Canada [J]. *Human Security: Safety for People in a Changing World*, Ottawa: DFAIT, 1999.

[58] Devereux, Stephen, Entitlement, Food Availability and Famine: A Revisionist View [J]. *Food Policy*, 1988, Vol. 13.

[59] Devereux, Stephen, Famine in Africa: Causes, Responses, and Prevention (Book review) [J]. *Food Policy*, 2000, Vol. 25, Issue 2.

[60] Drèze, Jean & Sen, Amartya, *Hunger and Public Action* [M]. Oxford: Clarendon Press, 1989.

[61] Dryzek, J. S., *Rational Ecology, Environment and Political Economy* [J]. Oxford: Blackwell, 1987.

[62] Economist, Famine? What famine? [J]. *Economist*, Vol. 335, Issue 7920.

[63] Edwards, Michael J., Security Implications of a Worst-case

Scenario of Climate Change in the South-west Pacific [J]. Australian Geographer, Nov. 1999, Vol. 30, Issue 3.

[64] Edson, Sara, Human Security: An Extended and Annotated International Bibliography, Center for History and Economics [OL]. King's College, University of Cambridge, U. K., June 1, 2001. http://www. humansecurity-chs. org/activities/meetings/first/bibliography. pdf.

[65] Ellman, Michael, The 1947 Soviet Famine and the Entitlement Approach to Famines [J]. *Cambridge Journal of Economics*, 2000, Vol. 24, Issue 5.

[66] European Training and Research Centre for Human Rights and Democracy, *Understanding Human Rights Manual on Human Rights Education* [M]. European Training and Research Centre for Human Rights and Democracy, 2003.

[67] Evans, Paul M. Human Security and East Asia: In the Beginning [J]. Journal of East Asian Studies, May-Aug 2004, Vol. 4, Issue 2.

[68] Ferroni, Marco and Ashoka Mody, Introduction and Overview, in Marco Ferroni and Ashoka Mody (eds.), *Global Incentives for International Public Goods* [M]. Kluwer Academic Publishers, Boston, and World Bank, Washington, D. C., 2002, pp. 1 - 29.

[69] Foong Khong, Yuen, Human Security: A Shotgun Approach to Alleviating Human Misery? [J] *Global Governance*, 2001, Vol. 7, Issue 3.

[70] Fouinat, François, Human Security Now-External Relations and Human Security in an Enlarged EU [OL]. 2004. http://www. dochas. ie/Working_ Groups/Presidency/speeches/Fouinat_ speech. doc.

[71] Foroughi, P., "Political Economy of Human Security in Central Asia: A Tajikistan Exmaple." [J]. Conference Papers-International Studies Association: 1, 2007.

[72] Friman, H. R. and S. Reich, "Human Trafficking, Human Security and the Balkans." [J]. Conference Papers-American Political Science Association: 1, 2007.

[73] Fukuda-Parr, Sakiko, Gender, globalization and new threats to human security [J]. *Peace Review*, 2004, Vol. 16, Issue 1.

[74] Gibbons, A., Famine: Blame Policy, Not Nature [J]. *Science*, 1991, Vol. 254, Issue 5033.

[75] Ginkel, Hans Van and Edward Newman, In Quest of "Human Security" [J]. *Japan Review of International Affairs*, 2000, Vol. 14, No. 1.

[76] Gleditsch, Nils Petter and Bjorn Otto Sverdrup, Democracy and the Environment. In Page, Edward A.; Redclift, Michael (eds) Human Security and the Environment: International Comparison [M]. Cheltenham: Edward Elgar, 2002.

[77] Glenn, John, Human Security and the Disaffected of Central Asia [J]. International Relations, December 2003, Vol. 17, Issue 4.

[78] Gold, Lorna, Implementing a Human Security Perspective in EU External Action [M]. Dochas Conference, Croke Park.

[79] Goswami, O., The Bengal Famine of 1943: Reexamining the Data [J]. *Indian Economic Social History Review*, 1990, Vol. 27.

[80] Harker, H. John, Human Security in Sudan: The Report of a Canadian Assessment Mission [J]. Halifax: Centre for Foreign Policy Studies, 2000.

[81] Harman, Danna, How AIDS Brings Famine Nearer [J]. *Christian Science Monitor*, 2002, Vol. 94, Issue 247.

[82] Hartmann, J., "Democracy, Development, and Environmental Sustainability", in H. O. Bergesen and G. Parmann (eds), *Green Globe Yearbook of International Co-operation on Environment and Development* [M]. Oxford: Oxford University Press, for Fridtjof Nansen's Institute, 1992, pp. 49 – 57.

[83] Hegre, H., Ellingsen, T., Gleditsch, N. P. and Gates, S., "Toward a Democratic Civil Peace? Democracy, Political Change, and Civil War 1816 - 1992" [J]. *American Political Science Review*, 2001, 95 (1).

[84] Heilbroner, R. L., *An Inquiry into the Human ProspectLooked at again for the 1990s* [M]. New York: Norton, 1974.

[85] Hendrickson, Dylan; Armon, Jeremy; Mearns, Robin, The Changing Nature of Conflict and Famine Vulnerability: The Case of Livestock Raiding in Turkana District, Kenya [J]. *Disasters*, 1998, Vol. 22, Issue 3.

[86] Howe, Paul & Devereux, Stephen, Famine Intensity and Magnitude Scales: A Proposal for an Instrumental Definition of Famine [J]. *Disasters*, 2004, Vol. 28, Issue 4.

[87] Human Security Centre, The University of British Columbia, Canada, Human Security Report 2005: War and Peace in the 21st Century [OL]. http://www.humansecurityreport.info/index.php?option=content&task=view&id=28&Itemid=63, 2005.

[88] Independent Commission on Disarmament and Security Issues, *Common Security: A Blueprint for Survival* [M]. New York: Simon and Schuster, 1980.

[89] Independent Commission on International Development Issues, *North South: A Programme for Survival: Report of the Independent Commission on International Development Issues* [M]. Cambridge, Mass: the MIT Press, 1980.

[90] Islam, Yassir; Malik, Sohail, Food Security and Human Development in South Asia: An overview [J]. Journal of Asian Economics, Vol. 7, Issue 2, Summer 1996.

[91] Isacson, Adam, Colombia's Human Security Crisis [OL]. http://www.unidir.ch/pdf/articles/pdf-art1446.pdf, 2002.

[92] ISSD, Earth Negotiations Bulletin, 10: 44 [OL]. *The Inter-*

national Institute for Sustainable Development, available at 〈http: //www. iisd. ca/linkages/vol10/1044015e. html〉 and 〈http: //www. iisd. ca/linkages/vol10/1044009e. html〉, 1995.

[93] J. B. A. The Famine in Japan [J]. *Nation*, 1914, Vol. 98, Issue 2542.

[94] Jaggers, K. and Gurr, T. R., "Tracking Democracy's Third Wave with the Polity Ⅲ Data" [J]. *Journal of Peace Research*, 1995, 32 (4).

[95] Jain, R. B., Globalisation, Liberalisation and Human Security in India: Challenges for Governance [J]. Journal of Developing Societies (Brill), Nov. 2001, Vol. 17, Issue 2.

[96] Jaizairy, I.; Mohiuddin, A.; Panuccio, T., The State of World Rural Poverty: An Inquiry into its Causes and Consequences [M]. Rome: International Fund for Agricultural Development, 1992.

[97] Jockel, Joe and Sokolsky, Joel., Lloyd Axworthy's Legacy: Human Security and the Rescue of Canadian Defence Policy [J]. *International Journal*, 2001, Vol. 56, No. 1.

[98] Julio, Claudia Fuentes, Freedom from Hunger: A Human Security Dimension [OL]. http: //www. flacso. cl/flacso/biblos. php? code = 345, 2003.

[99] Karatnycky, A., *Freedom in the World: Political Rights and Civil Liberties* (1994/95) [M]. Freedom House, London, 1995.

[100] Kaul, Inge, Peace Needs No Weapons [J]. *The Ecumenical Review*, Jul. 1995, Vol. 47, Issue 3.

[101] Keen, David, *The Benefits of Famine: A Political Economy of Famine and Relief in Southwestern Sudan*, 1983 – 1989 [M]. Chichester and Princeton, NJ: Princeton University Press, 1994.

[102] Kennedy, P., *Preparing for the Twenty-First Century* [M]. New York: Random House, 1993.

[103] Khagram, Sanjeev et al., From the Environment and Hu-

man Security to Sustainable Security and Development [J]. *Journal of Human Development*, 2003, Vol. 4, Issue 2.

[104] Kim, Woosang and Hyun, I., Toward a New Concept of Security: Human Security in World Politics, in Tow, Thakur and Hyun, I. (eds.), *Asia's Emerging Regional Order: Reconciling Traditional and Human Security* [M]. Tokyo: UN University Press, 2000.

[105] Kinealy, Christine, How Politics Fed the Famine [J]. *Natural History*, 1996, Vol. 105.

[106] King, Alexander, Are Famines Man-made? [J]. *World & I*, 1993, Vol. 8, Issue 6.

[107] King, Gary, A Solution to the Ecological Inference Problem: Reconstructing Individual Behavior from Aggregate Data [M]. Princeton: Princeton University Press, 1997.

[108] King, Gary and Murray, Christopher, Rethinking Human Security [J]. *Political Science Quarterly*, 2002, Vol. 116, No. 4.

[109] Kirimli, Hakan, The Famine of 1921 - 1922 in the Crimea and the Volga Basin and the Relief from Turkey [J]. *Middle Eastern Studies*, 2003, Vol. 39, Issue 1.

[110] Kitt, Tom,. External Relations and Human Security in an Enlarged EU. Opening Address by Mr Tom Kitt TD, Minister of State for Development Cooperation and Human Rights, at the Dóchas Conference on Human Security, 31 May 2004. Available at http://www.dochas.ie/Working_ Groups/Presidency/speeches/Kitt_ speech.htm.

[111] Klare, Michael T. (eds.), World Security: Challenges for a New Century [M]. New York: St. Martins Press, 1992.

[112] Kotov, V. and Nikitina, E., "Russia and International Environmental Cooperation", in H. O. Bergesen and G. Parmann (eds), *Green Globe Yearbook of International Co-operation on Environment and Development* [M]. Oxford: Oxford University Press, for Fridtj of Nansen's Institute, 1995, pp. 17 - 27.

[113] Krause, Keith and Williams, Michael, From Strategy to Security: Foundations of Critical Security Studies, in K. Krause and M. Williams (eds.), *Critical Security Studies: Concepts and Cases* [M]. Minneapolis: University of Minnesota Press, 1997.

[114] Kula, Erhun, The Inadequacy of the Entitlement Approach to Explain and Remedy Famines [J]. *Journal of Development Studies*, 1988, Vol. 25, Issue 1.

[115] Kula, Erhun, Politics, Economics, Agriculture and Famines: The Chinese Case [J]. *Food Policy*, 1989, Vol. 14.

[116] Kung, James Kai-sing & Lin, Justin Yifu, The Causes of China's Great Leap Famine, 1959 – 1961 [J]. *Economic Development and Cultural Change*, 2003, Vol. 52, Issue 1.

[117] Kurian, G. T., *Illustrated Book of World Rankings* [M]. Sharpe, New York.

[118] Lafferty, W. M., "Interview" [J]. *Natur & Miljo*, (1), 1993.

[119] Lavaque-Manty, Mika, Food, Functioning and Justice: From Famines to Eating Disorders [J]. *Journal of Political Philosophy*, 2001, Vol. 9, Issue 2.

[120] Leaning, Jennifer & Arie, Sam, Human Security in Crisis and Transition: A Background Document of Definition and Application [J]. Working Draft September 2000, Paper for USAID/Tulane CERTI, available at: http://www.certi.org/news_events/year1_workshop/draft%20paperjl.htm.

[121] Lin, Justin Yifu & Yang, Dennis Tao, Food Availability, Entitlements and the Chinese Famine of 1959 – 1961 [J]. *The Economic Journal*, 2000, Vol. 110, Issue 460.

[122] Lizée, Pierre P., Human Security in Vietnam, Laos, and Cambodia [J]. Contemporary Southeast Asia: A Journal of International & Strategic Affairs, Dec 2002, Vol. 24, Issue 3.

[123] Locke, Christopher J.; Ahmadi-Esfahani, Fredoun Z., Famine analysis: A study of entitlements in Sudan, 1984–1985 [J]. *Economic Development & Cultural Change*, 1993, Vol. 41, Issue 2.

[124] Lodgaard, Sverre, Human Security: Concept and Operationalization, paper presented at the conference "Security with a Human Face: Expert Workshop on the Feasibility of a Human Security Report" [J]. John F. Kennedy School of Government, Harvard University, 1–2 December, 2000. http://www.cpdsindia.org/globalhumansecurity/operationalisation.

[125] Lonergan, Steve; Gustavson, Kent; Carter, Brian [OL]. The Index of Human Insecurity. AVISO, issue No. 6. http://www.gechs.org/publications/aviso/06/index.html, 2000.

[126] Long, James W, The Volga Germans and the Famine of 1921 [J]. *Russian Review*, 1992, Vol. 51, Issue 4.

[127] Lovgren, Stefan, A Famine Made by Man [J]. U. S. *News & World Report*, 1998, Vol. 125, No. 10.

[128] MacFarlane, S. Neil; Weiss, Thomas G., The United Nations, Regional Organisations and Human Security: Building Theory in Central America [J]. Third World Quarterly, June 1994, Vol. 15, Issue 2.

[129] Mack, Andrew, Report on the Feasibility of Creating an Annual Human Security Report [OL]. *Program on Humanitarian Policy and Conflict Research*, *Harvard University* February 2002, available online at www.hsph.harvard.edu/hpcr/FeasibilityReport.pdf.

[130] MacLean, George, The Changing Perception of Human Security: Coordinating National and Multilateral Responses [OL]. The United Nations and the New Security Agenda, United Nations Association in Canada, 1998, http://www.unac.org/canada/security/maclean.html.

[131] MacLean, George, The United Nations and the New Securi-

ty Agenda [OL]. 1999, http://www.unac.org/canada/security/maclean.html.

[132] MacLean, Sandra J. and H. John Harker and Timothy M. Shaw (eds), Advancing Human Security and Development in Africa: Reflections on NEPAD. Halifax [J]. N. S.: Centre for Foreign Policy Studies, Dalhousie University, 2002.

[133] Macrae, J; Zwi, A., *War and Hunger: Rethinking International Responses to Complex Emergencies* [M]. London: Zed Books, 1994.

[134] Maddox, Gregory, Mtunya: Famine in Central Tanzania, 1917－1920 [J]. *Journal of African History*, 1990, Vol. 31, Issue 2.

[135] Mahoney, C. O. and T. M. Pinedo, "Human Security in Communities in Costa Rica and the United States [J]." *Journal of Social Issues* 63 (2), 2007.

[136] Majumdar, Manabi, Child Labour as a Human Security Problem: Evidence from India [J]. Oxford Development Studies, Oct. 2001, Vol. 29, Issue 3.

[137] Maley, William, Security, People-Smuggling, and Australia's New Afghan Refugees [J]. Australian Journal of International Affairs, Nov. 2001, Vol. 55, Issue 3.

[138] Malhotra, Kamal. 1999. Resource Conflict in the Lower Mekong [J]. Peace Review, Sep. 1999, Vol. 11, Issue 3.

[139] Malthus, Thomas. 1798. *An Essay on the Principle of Population* [OL]. London: St. Paul's Church-Yard. 1998, Electronic Scholarly Publishing Project. http://www.esp.org/books/malthus/population/malthus.pdf.

[140] Mann, D. E., "Environmental Learning in a Decentralized Political World" [J]. *Journal of International Affairs*, 1991, 44 (2).

[141] Masci, David, Have farm subsidies in wealthy countries contributed to Africa's cycle of famine? [J]. *CQ Researcher*, 2002a,

Vol. 12, Issue 39.

[142] Masci, David, Politics of Famine [J]. *CQ Researcher*, 2002b, Vol. 12, Issue 39.

[143] Mathews, Jessica T., Redefining Security [J]. *Foreign Affairs*, No. 68, Spring 1989.

[144] McAlpin, Michelle Burge, *Subject to Famine: Food Crises and Economic Change in Western India*, 1860 - 1920 [M]. Princeton: Princeton University Press, 1983.

[145] McDonald, Matt, Human Security and the Construction of Security [J]. *Global Society: Journal of Interdisciplinary International Relations*, 2002, Vol. 16, Issue 3.

[146] McDonough, Terrence, A Million of the Irish toilers: A Marxist Approach to the Great Irish Famine [J]. *Review of Radical Political Economics*, 1998, Vol. 30, Issue 3.

[147] McNeil, Frank; Stark, Jeffrey, Thinking About Environmental Security: Southeast Asia and the Americas in Comparative Perspective. Dante B. Fascell North-South Center Working Paper Number Two [OL]. http://www.miami.edu/nsc/publications/pubs-WP-pdf/WP2.pdf, 2001.

[148] Md. Ali Ashraf, MP, Disarmament and human security: Asian perspective [J]. Independent, The (Bangladesh), 09/19/1999.

[149] Meadows, Donella H. et al., *The Limits to Growth: A Report for the Club of Rome's Project on the Predicament of Mankind* [M]. New York: Universe Books, 1972.

[150] Meddings, David R, Human Security: A Prerequisite for Health [J]. *British Medical Journal*, Vol. 322, Issue 7301, 06/23/2001.

[151] Ministry of Foreign Affairs of Japan, Diplomatic Bluebook 1999: Japan's Diplomacy with Leadership Toward a New Century [M]. Tokyo: Urban Connections Inc., 1999.

[152] Ministry of Foreign Affairs of Japan, Efforts Toward the Realization of a Better Global Society, Diplomatic Bluebook 1999 [J]. *Japan's Diplomacy with Leadership Toward the New Century*, Tokyo.

[153] Mitra, A., The Meaning of Meaning [J]. *Economic and Political Weekly* (Reviews), March 1982, Vol. 27.

[154] Møller, Bjørn, National, Societal and Human Security: A General Discussion with a Case Study from the Balkans [J]. (IIS Working Papers2000) in UNESCO (ed.) What Agenda for Human Security in the Twenty-First Century?, Paris (27 - 8 November), 2000, pp. 41-62.

[155] Mulikita, Njunga-Michael, Enhancing Human Security in Afirca: What Role for the International Community? [J]. Peacekeeping & International Relations, May-Aug 2000, Vol. 29, Issue 3/4.

[156] Mullings, Leith, Domestic Policy and Human Security in the U.S [J]. *Peace Review*, Mar. 2004, Vol. 16, Issue 1.

[157] Muthien, Bernedette, Women's Security is Human Security: Southern African Dimensions [OL]. http://www.copri.dk/copri/ipra/AFPREA/muthien-genderedsecurity.doc, 2000.

[158] Mwangi, O., "Hydropolitics, Ecocide and Human Security in Lesotho: A Case Study of the Lesotho Highlands Water Project [J]." *Journal of Southern African Studies*, 2007, 33 (1).

[159] Najam, Adil (eds), Environment, Development and Human Security: Perspectives From South Asia [M]. University Press of America, May 28, 2003.

[160] National Geographic, Famine in China? [J]. *New Republic*, 1961, Vol. 145, Issue 1.

[161] Nayak, Purusottam, Understanding the Entitlement Approach to Famine [J]. *Journal of Assam University*, 2000, Vol. 5, Issue 1.

[162] Nelan, Bruce W., The Politics of Famine [J]. *Time*,

1997, Vol. 150.

[163] Nef, Jorge, *Human Security and Mutual Vulnerability: The Global Political Economy of Development and Underdevelopment* (2nd ed.) [M]. Ottawa: International Development Center, 1999.

[164] Newman, Edward, Human Security and Constructivism [J]. *International Studies Perspectives*, 2001, Vol. 2, No. 3.

[165] Newsinger, John, The Great Irish Famine: A Crime of Free Market Economics [J]. *Monthly Review: An Independent Socialist Magazine*, 1996, Vol. 47, Issue 11.

[166] Noland, Marcus, Famine and Reform in North Korea [J]. *Asian Economic Papers*, 2004, Vol. 3, Issue 2.

[167] Oberleitner, Gerd, Human Security and Human Rights, Occasional Paper Series 8 [OL]. (Graz: European Training and Research Center for Human Rights and Democracy), http://www.etc-graz.at/publikationen/Human%20Security%20occasional%20paper.pdf, 2002.

[168] Oddy, D. J., Urban Famine in Nineteenth-Century Britain: The Effect of the Lancashire Cotton Famine on Working-Class Diet and Health [J]. *Economic History Review*, 1983, Vol. 36, Issue 1.

[169] Ogata, Sadako, Human Security: A Refugee Perspective [J]. Keynote Speech at the Ministerial Meeting on Human Security Issues of the "Lysoen Process" Group of Governments, Bergen, Norway, May 19 1999, http://www.unhcr.ch/cgi-bin/texis/vtx/home/+5wwBmew-CZ69wwwwwwwwwwwwhFqhEyTfNtFqhwmMoDAFqhEyTfNcFqVEa2nh1t-nna7nG5pnqBoVnDzmxwwwwwww1FqnN0bI/opendoc.htm.

[170] Ogata, Sadako, Enabling People to Live in Security [J]. Keynote Speech at the International Symposium on Human Security (Tokyo), 28 July 2000.

[171] Ogata, Sadako, The Human Security Commission's strategy [J]. *Peace Review*, 2004, Vol. 16, No. 1.

[172] Ogata, Sadako and Cels, Johan, Human Security: Protecting and Empowering the People [J]. Global Governance, 2003, Vol. 9, Issue 3.

[173] Olson, Joy, U. S. Military Programmes with Latin America and Their Impact on Human Security [OL]. http: //www. unidir. ch/pdf/articles/pdf-art1448. pdf, 2002.

[174] Onduku, Akpobibibo, Human Security Dilemma in Nigeria's Delta [OL]. *Human Security Perspectives*, 2004, Vol. 1 Issue 1. http: //www. hs-perspectives. etc-graz. at/pdffiles/Onduku. pdf.

[175] Ophuls, W., *Ecology and the Politics of Scarcity. Prologue to a Political Theory of the Steady State* [M]. San Francisco, CA: Freeman, 1977.

[176] Osmani, Siddig, The Entitlement Approach to Famine: An Assessment. In K. Basu et al. (eds.), *Choice, Welfare, and Development: Essays in Honour of Amartya Sen* [M]. Oxford: Clarendon Press, 1995.

[177] *Our Global Neighbourhood*, Report of the Commission on Global Governance [M]. Oxford University Press, 1995.

[178] Owusu, Kwesi & Ng'ambi, Francis, Who caused the Malawi famine? [J]. *African Business*, No. 283.

[179] Oxfam International, Africa: World Bank and IMF Agricultural Reforms Contribute to Famine [J]. *Women's International Network News*, 2003, Vol. 29, Issue 2.

[180] Page, Edward, Theorizing the Link Between Environmental Change and Security [J]. *Review of European Community & International Environmental Law*, 2000, Vol. 9, Issue 1.

[181] Page, Edward A.; Redclift, Michael (eds), Human Security and the Environment: International Comparison [M]. Cheltenham: Edward Elgar, 2002.

[182] Pankhurst, Donna, The Benefits of Famine: A Political E-

conomy of Famine and Relief in Southwestern Sudan, 1983 – 1989 (Book Review) [J]. *Journal of International Development*, 1997, Vol. 9, Issue 2.

[183] Paris, Roland, "Human Security: Paradigm Shift or Hot Air?" [J]. *International Security*, 2001, Vol. 26, No. 2.

[184] Pattanaik, U., Food Availability Decline and Famine: A Longer View [J]. *Journal of Peasant Studies*, 1991, Vol. 19.

[185] Payne, R. A., "Freedom and the Environment" [J]. Journal of Democracy, 6 (3), 1995, pp. 41 – 55.

[186] Petty, William, *Political Arithmetick* [M]. London: Robert Clavel and Hen Mortlock, 1960.

[187] Porter, George, An Ethical Basis for Achieving Global Human Security [J]. *Development*, 1995, Vol. 3.

[188] Raloff, Janet, Africa's Famine: The Human Dimension [J]. *Science News*, 1985, Vol. 127, Issue 19.

[189] Rangaswami, A., Failure of Exchange Entitlements on Theory of Famine: A Response [J]. *Economic and Political Weekly*, 12 & 19 October, 1985.

[190] Ravallion, Martin, Famines and Economics [J]. *Journal of Economic Literature*, 1997, Vol. 35, Issue 3.

[191] Rashid, Salim, The Policy of Laissez-Faire during Scarcities [J]. *Economic Journal*, 1980, Vol. 90.

[192] Razzaque, Abdur; Alam, Nural; Wai, Lokky; Foster, Andrew, Sustained Effects of the 1974 – 1975 Famine on Infant and Child Mortality in a Rural Area of Bangladesh [J]. *Population Studies*, 1990, Vol. 44, Issue 1.

[193] Rempel, Henry, *Food Security Options for Sub-Saharan Africa* [M]. Winnipeg: University of Manitoba, Department of Economics, 1985.

[194] Robinson, Mary, An Ethical, Human-rights Approach to

Globalization [J]. *Peace Review*, 2004, Vol. 16, Issue 1.

[195] Rothschild, Emma, What is Security? [J]. *Daedalus*, Summer 1995, Vol. 124, No. 3.

[196] Rummel, R. J., "Power, Genocide and Mass Murder" [J]. *Journal of Peace Research*, 1994, 31 (1).

[197] Rutsch, Horst, Diamonds Are the Heart of the Matter [J]. UN Chronicle, 2000, Vol. 37, Issue 2.

[198] Sachs, Jeffrey D., The Real Causes of Famine [J]. *Time*, 1998, Vol. 152, No. 17.

[199] Scanlan, Stephen J., Guns, Butter, and Development: Security and Military Famine Extensions of the Modernization Versus Dependency Debate [J]. Journal of Political & Military Sociology, Winter 2001, Vol. 29, Issue 2.

[200] Schultz, C. B. and Crockett, T. R., "Economic Development, Democratization, and Environmental Protection in Eastern Europe" [J]. *Boston College Environmental Affairs Law Review*, 1990, 18 (1).

[201] Scott, Wolf., Human Security in the Trans-Caucasian Region (Armenia, Azerbaijan and Georgia) [OL]. http: //www. undp. sk/uploads/HS Report for Caucasus. doc, 2002a.

[202] Scott, Wolf, Measurement of Human Security with Reference to Central Asia: Kazakstan, Kyrgyzstan, Tajikistan, Turkmenistan, Uzbekistan [OL]. http: //www. undp. sk/uploads/HS Report for Central Asia. doc, 2002b.

[203] Seaman, J & Holt, J., Markets and Famines in the Third World [J]. Disasters, 1980, Vol. 4, No. 2.

[204] Sen, Amartya, Starvation and Exchange Entitlements: A General Approach and Its Application to the Great Bengal Famine [J]. *Cambridge Journal of Economics*, 1977, Vol. 1, Issue 1.

[205] Sen, Amartya, *Poverty and Famines: An Essay on Entitle-*

ment and Deprivation [M]. Oxford: Oxford University Press, 1981a.

[206] Sen, Amartya, Ingredients of Famine Analysis: Availability and Entitlements [J]. *Quarterly Journal of Economics*, 1981b, Vol. 96, Issue 3.

[207] Sen, A., "Liberty and Poverty: Political Rights and Economics" [J]. *New Republic*, 210, 10 January, 1994.

[208] Shipton, Parker, African Famines and Food Security: Anthropological Perspectives [J]. *Annual Review of Anthropology*, 1990, Vol. 19.

[209] Smith, Adam, *An Inquiry into the Nature and Causes of the Wealth of Nations* [M]. Oxford: Clarendon Press (Republished), 1976.

[210] Sorenson, Theodore C., Rethinking National Security [J]. *Foreign Affairs*, Summer 1990.

[211] Stockholm Initiative on Global Security and Governance [J]. *Common Responsibilities in the* 1990'*s*, Stockholm: Prime Minister's Office, 1991.

[212] Suhrke, Astri, Human Security and the Interests of States [J]. *Security Dialogue*, 1999, Vol. 30, No. 3.

[213] Swatuk, Larry A.; Vale, Peter, Why Democracy Is Not Enough: Southern Africa and Human Security in the Twenty-first Century [J]. Alternatives: Social Transformation & Humane Governance, Jul-Sep99, Vol. 24, Issue 3.

[214] Tadjbakhsh, Shahrbanou, Round Table on Transition and Human Security in Central Asia-Rapporteur's Summary for the Commission on Human Security [OL]. http://www. asiagender. net/HS summary. doc, 2002a.

[215] Tadjbakhsh, Shahrbanou, Selected Web-Based Resources on Human Security [OL]. http://www. surf-as. org/nhdrworkshop/Bibliography on Human Security. doc.

[216] Tanada, Wigberto E., Human Security from a Filipino Per-

spective [J]. Peace Review, Sep. 1999, Vol. 11, Issue 3.

[217] Tauger, Mark B., The 1932 Harvest and the Famine of 1933 [J]. *Slavic Review*, 1991, Vol. 50, Issue 1.

[218] Tauger, Mark B., Entitlement, Shortage and the Bengal Famine of 1943: Another look [J]. *The Journal of Peasant Studies*, 2003, Vol. 31, Issue 1.

[219] Thakur, Ramesh, From National to Human Security, in S. Harris and A. Mack (eds.), *Asia-Pacific Security: The Economics-Political Nexus* [M]. St Leonards: Allen & Unwin, 1997.

[220] The Harvard Program on Humanitarian Policy and Conflict Research, Bibliography on Human Security [OL]. August 2001, available at: http: //www.cpdsindia.org/globalhumansecurity/bibliography.pdf.

[221] Thomas, Caroline, Introduction, in C. Thomas and P. Wilkin (Eds) Globalization, Human Security and the African Experience [M]. London: Lynne Rienner, Boulder, CO., 1999.

[222] Thomas, Caroline and P. Wilkin (Eds), *Globalization, Human Security and the African Experience* [M]. London: Lynne Rienner, Boulder, CO, 1999.

[223] Thomas, Nicholas and William Tow, The Utility of Human Security [M]. *Security Dialogue*, 2002, Vol. 33, No. 2.

[224] Thomas, Nicholas; Wesley, Michael; Kim, Hee-Soo, Human Security in the Western Pacific: The Asian Economic Crisis and Beyond [J]. Asian Journal of Social Science, 2001, Vol. 29, Issue 1.

[225] Thompson, L. and Leysens, A., Changing notions of Human Security in the Southern African Region [J]. Transformation, 2000, 43.

[226] Timothy, Kristen, Human Security Discourse at the United Nations [J]. *Peace Review*, 2004, Vol. 16, Issue 1.

[227] Tobin, James, A Proposal for International Monetary Reform [J]. *Eastern Economic Journal*, 1978, Vol. 4.

[228] Tow, William T. and Trood, Russell, Linkages between Traditional and Human Security, in Tow, Thakur and Hyun, I. (eds.), Asia's Emerging Regional Order: Reconciling Traditional and Human Security [M]. Tokyo: UN University Press, 2000.

[229] Ul-Haq, Mahbub, New Imperatives of Human Security, RGICS Paper No. 17, Rajiv Gandhi Institute for Contemporary Studies [M]. New Delhi: Rajiv Gandhi Foundation, 1994.

[230] Ul-Haq, Mahbub, Reflections on Human Development [M]. Oxford University Press, New York, 1995.

[231] Ul-Haq, Mahbub, Global Governance for Human Security, in M. Tehranian (eds.), *Worlds Apart: Human Security and Global Governance* [M]. London: I. B. Tauris, 1999, pp. 79 – 94.

[232] Ullman, Richard, Redefining Security [J]. *International Security*, 1983, Vol. 8, No. 1.

[233] UN, *Statistical Yearbook* [M]. New York: United Nations, 1993.

[234] UNDP, *Human Development Report* 1993 [M]. New York: Oxford University Press, 1993.

[235] UNDP, *Human Development Report* 1994 [M]. New York: Oxford University Press, 1994.

[236] United Nations High Commissioner For Human Rights, Treaty Bodies Database [OL]. available at http://www.unhchr.ch/tbs/doc.nsf/, Open Document, 15 January 1999.

[237] von Braun, Joachim; Teklu, Tesfaye; Webb, Patrick, *Famine in Africa: Causes, Responses, and Prevention* [M]. Baltimore: Johns Hopkins University Press, 1998.

[238] Waisova, Sarka, Human Security: the Contemporary Paradigm? [J]. *Perspectives: Central European Review of International Affairs*, 2003, Vol. 20.

[239] Walford, Cornelius, The Famines of the World: Past and

Present [J]. *Journal of the Statistical Society of London*, 1878, Vol. 41, Issue 3.

[240] Walford, Cornelius, The Famines of the World: Past and Present-Part II [J]. *Journal of the Statistical Society of London*, 1879, Vol. 42, Issue 1.

[241] Walker, Brett L., Commercial Growth and Environmental Change in Early Modern Japan: Hachinohe's Wild Boar Famine of 1749 [J]. *Journal of Asian Studies*, 2001, Vol. 60, Issue 2.

[242] Watkins, Susan C. & Menken, Jane, Famines in Historical Perspective [J]. *Population and Development Review*, 1985, Vol. 11, Issue 4.

[243] Weiss, E. B. and Jacobsen, H. K. "Getting Countries to Comply with International Agreements" [J]. *Environment*, 1999, 41 (6).

[244] Wheatcroft, S. G., Towards Explaining Soviet Famine of 1931 - 1933: Political and Natural Factors in Perspective [J]. *Food & Foodways: History & Culture of Human Nourishment*, 2004, Vol. 12, Issue 2/3.

[245] White, Philip; Chile, Lionel, War & Famine in Ethiopia & Eritrea [J]. *Review of African Political Economy*, 2000, Vol. 27, Issue 84.

[246] WHO, *World Report on Violence and Health* [M]. Geneva: World Health Organization, 2002.

[247] Wlaschütz, Christian, Human Security in the Perspective of an Austrian [J/OL]. *Human Security Perspectives*, 2004a, Vol. 1. Issue 1. http: //www. hs-perspectives. etc-graz. at/pdffiles/Wlaschutz. pdf.

[248] Wlaschütz, Christian, New Wars and Their Consequences for Human Security Case Study: Colombia [J/OL]. Human Security Perspectives, 2004b, Vol. Issue 2. http: //www. hs-perspectives. etc-graz. at/pdffiles/issue2/Wlaschutz. pdf.

[249] World Bank, World Development Indicators 1999 [OL]. available at http://www.worldbank.org/data/wdi/home.html, 14 September 1999.

[250] World Bank, World Development Report 1999/2000[OL]. available at http://www.worldbank.org/wdr/2000/fullreport.html, 14 September 1999.

[251] World Resources Institute, *World Resources. A Guide to the Global Environment* [M]. New York and Oxford: Oxford University Press, 1994.

[252] World Resources Institute, World Resources 1998 – 1999: Environmental Change and Human Health [OL]. available at http://www.wri.org/wr-98-99/wr98-toc.htm, 6 June 1999.

[253] Wyller, T. C., "The Ecological Crisis: A Problem of Democratic Political Power" [J]. Paper Presented at the Sixteen World Congress of Political Science, Berlin, 21 – 25 August, 1994.

[254] Yang, Dali L.; Su, Fubing, The Politics of Famine and Reform in Rural China [J]. *China Economic Review*, 1998, Vol. 9, Issue 2.

[255] Yao, Shujie, A Note on the Causal Factors of China's Famine in 1959 – 1961 [J]. *Journal of Political Economy*, 1999, Vol. 107, Issue 6.

[256] Zaw, Aung, National vs Human Security in Burma [J]. Nation, The (Thailand), 21/12/2000.

后　记

本书的主要内容，是 2004 - 2005 年在南京大学 - 霍普金斯大学国际问题研究所（Institute for International Research at The Hopkins-Nanjing Center for Chinsese and American Studies in Nanjing，China）做访问学者期间完成的。当时应南京大学 - 霍普金斯大学中美文化研究中心美方教师刘民权教授（现任北京大学经济学院教授、北京大学经济与人类发展研究中心主任）之邀，参与了由他主持的一项关于人类发展（Human Development）的福特基金会项目，负责其中的人类安全部分。当时查阅了大量英文文献与中文期刊资料，做了 20 多万字的文献摘录，并将其中摘录的英文翻译成了中文。

2005 年 7 月回到浙江大学以后，又陆续查阅了新的文献资料，不断追踪新的关于人类安全的研究成果。在前期所做的大量文献工作的基础上，我陆续整理出了一些述评性质的论文，分别在《国际问题论坛》及其英文版 *International Review*、《国际观察》、《环球时报》国际评论版、*Global Asia* 创刊号、《浙江大学学报》（人文社科版）、《中共杭州市委党校学报》等发表。

按发表的先后顺序排列，这些文章包括：（1）刘志军：《论人类安全的理念渊源》，《国际问题论坛》2005 年夏季号。（2）Liu，Zhijun. “The Concept of Human Security and Its Origin”，*International Review*，Vol. 43，No. 2，Summer 2005.（3）刘志军、刘民权：《论人类安全的测量与实现》，《国际问题论坛》2006 年春季号。（4）刘志军：《人类安全的价值论争》，《国际问题论坛》2006 年秋季号。(5) Liu, Zhijun. "Contention on the Value of 'Human Security'", *International Review*, Vol. 44, No. 3, Fall, 2006. (6) 刘志军、刘民权:《人类安全:概念与内涵》,《国际观察》2006 年第 1 期。(7) 刘志军:《全球化削弱人类安全》,《环球时报》2006 年 5 月 2 日第 11 版。(8) Liu, Zhijun. "On Bird Flu and Beyond: A Human Security Perspective", *Global Asia*, Vol. 1, No. 1. Sept. 2006. (9) 刘志军:《人本安全的价值论争》,《浙江大学学报》(人文社科版) 2008 年第 2 期。人大复印《社会学》2008 年第 6 期全文转载。(10) 刘志军、杨敏敏:《饥荒学说的类型与分歧:一个文献述评》,《中共杭州市委党校学报》2013 年第 6 期。

这些文章发表后,在学术界及媒体界都产生了一定的影响。这里值得一提的有两件事。一是 *Global Asia* 创刊之际受邀担任总编的 David Plott 就是在阅读过"The Concept of Human Security and Its Origin"一文后给我发邮件约稿的,当时一并受邀的撰稿者包括中国前副总理钱其琛、韩国前总统金大中、俄罗斯前总理叶夫根尼·普里马科夫、马来西亚前总理马哈蒂尔·穆罕默德、美国前国家安全顾问桑迪·伯杰及一些学界和思想界的领军人物如 Peter Hayes, Nayan Chanda, Funabashi Yoichi, Vinod Aggarwal, Nodari Simoniya, Simon Tay 及 Shashi Tharoor 等,可以说与有荣焉。后来笔者基于人类安全视角对当时正在流行的禽流感进行了分析和讨论,写就一篇约 5 000字的短文,顺利在 2006 年 9 月出版的创刊号上刊出,并收到了一笔 2 500美元的稿费,这也是笔者至今获得过的最高稿费。二是发生在三年前的 2011 年 9 月,英国华威大学(University of Warwick)全球化与区域化研究中心(Centre for the Study of Globalisation and Regionalisation)主任 Shaun Breslin 教授也是在读到过我的上述论文后发来邮件,问询我有没有新的关于人类安全的研究成果可以参阅。后来我将此前整理摘录的大多数文献资料发给他共享,这些材料在其后来撰写的论文中得到利用。

虽然自 2009 年以后,因研究领域的转移,我没有再如以往那样系统跟踪人类安全领域的研究成果,但鉴于非传统安全的日趋重要性，人类安全理论依然值得大家关注和探讨。考虑到以往的零星讨论散见于不同的文章当中，不能使有需要者方便地了解到我以往对于这一领域研究成果的系统梳理，特此将分散发表过的成果加以重新整理，并进行适当的补充和修改，以期为学界关于人类安全理论的探讨添砖加瓦。

在南京大学－霍普金斯大学国际问题研究所住所研究期间，我基本上每周都参与由刘民权教授组织的研究小组的讨论和交流活动，并从中获益匪浅。学术讨论之余，我们也常常穿行在南京的大街小巷，在一些美食店、咖啡屋还有大排档留下了欢声笑语和美好的回忆。年长月久，这期间也与各研究小组成员结下了深厚的友谊，这些年轻人包括王曲、俞建拖、吴晓锋、张志欣、邢元梅、刘思恩、刘江峰等。学术是清苦的，但只要有团队，就有世俗生活的欢乐！我期待着今后的重逢！

当然，能给予我最长久、最有力支持的还是自己的家人。小女刘想想天真可爱，疲累之时，一想到她烂漫的笑容和俏皮的表情，往往困意顿消。爱妻华骁女士与我相识相知十五年，已成为我生活中不可或缺的鼓励者、鞭策者、监督人及动力源泉。远在湖南老家的父母则是将我带入这个世界的无须任何前提的默默的支持者、赞誉者和关注者，虽然有着因距离带来的地理区隔、因代沟带来的思想差异，但父爱如山、母爱无由，绵绵延延恒久远！还有弟弟刘陆军、妹妹刘丽红，陪伴我度过了家乡青涩但幸福甜蜜的岁月，并是我落魄之时最先伸出温暖援手的人。

还有我从小跟随的祖母以及深爱我的外祖父母！三位老人家虽已驾鹤仙去，但却一直让我魂牵梦萦，不能释怀。祖母去世的 2001 年冬，我还在南京大学－霍普金斯大学中美文化研究中心学习。我依然清晰地记得，妹妹打来电话让我赶快回家的前一天，中心组织了师生去南京附近的高淳出游，那一天我的眼皮跳个不停，想来是弥留之际的祖母在向她远游的爱孙传送着最后的消息吧！由此，我也开始相信，亲人之间的心心相通，或是科学尚未揭示的一种事实。2008 年初，外祖父母在不到一个月的时间内相继去世。当时我正在大洋彼岸的哈佛燕京学社访学，未能赶回湖南送两位老人家最后一程，直到2009年春节才再次回到熟悉的外婆家，给两位老人家拜了新年。山水依旧，人事两样；阴阳两隔下，草木亦含悲！跪在他们的坟前，我一如祖母下葬的那一刻，禁不住决堤的泪水！至今犹记，还在我刚满四岁的时候，爸妈将我送到外婆家住了10多天，其间外婆亲手给我做了一件棉褂子，一针一线，都浸润着慈爱的深情。也还记得，每每从外地归来，去外婆家探望，她总是远远地出来迎接，见面后一定会紧紧拉住我的手不放，仿佛我还是小时候需要她牵着手才不会摔跤的孩子！时光荏苒，转眼间，祖母已经去世13周年，外祖父母也已去世6周年，三位老人家带给我童年及成长年代的欢乐、安全感与幸福温馨，是任何东西都取代不了的人生财富！

在此，还要感谢所有一路陪伴的其他亲人、朋友和同事。人是社会的动物，无时无刻不需要来自他者的帮助和支持。能以各种方式在人生路上交错相逢，无论相识前后、相聚长短、相知深浅，就是缘分，就不可避免地相互留下值得珍藏的印记。本书的写作，前前后后跨越近10年，其间经历的悲欢离合、阴晴圆缺，以及与众多亲友同事的交谈相处，都从某个侧面给予了思想的启迪和开悟。

我感谢他们，直到永远！

刘志军于浙江大学启真湖畔

二〇一四年五月